人格的啟示

王統照經典社評集，喚醒沉睡的民族意識

U0068547

王統照——著

不是不知，只是不為；
不是沒有責任，只是不負責任。

那是一段灰暗的年代，國家衰頹、政治腐敗、民生凋敝，
面對世人事不關己的態度，詩人提出最沉痛的批判……

目錄

目錄

目錄

人格的啟示

魯迅先生永逝了！雖然他的精神可長留於天地間，但「一棺附身」，從此卻不能再見到他的面容，聽到他的美語，讀到他所寫的深刻的辛辣的文章。凡是關心於中國新文化運動的人，這幾日誰的心中也有點愴然之感，特別是在「風雨飄搖」國難日深的現在。

一個人的人格的偉大這不是用工夫學來的，也不是純在知識中陶冶成的。世間不缺乏帶著幾種面孔，或翻手為雲覆手為雨的人物，講道德，說仁義，談天論地，一樣是有廣博的學問，熟練的主義，但人格的偉大呢，卻另有所在。

我再三細想，覺得這還得從個性上去找：先天的成分多，後天的力量少，專靠思想，知識 —— 由教化中來的變化，其影響於人格處究竟有限。一旦有外界的變更，容易轉向，也容易屈服。本來在看法上，想法上稍稍放鬆一步，稍稍妥協一點，所有的「安身立命」之點也馬上動搖，不久由動搖而頹落，後來便滅跡銷聲，找不到原來所是可以把持得住的那一點定力。

但有偉大人格的，除卻思想視野的諸種表現外，他有認真的，固執的，卻也在這一點！

「匹夫不可奪志」，看似平常，實行起來怕非易易，看得明，想得透，還要把得穩。榮、辱、毀、譽，一切皆不理會，自己信得過，雖「石爛、海枯」，我行我是，這不是個性極強，認事極真的人莫想辦到。

試問這樣單憑知識的增益成嗎？單憑「用工夫練」就會有嗎？

從古代到現在，好難得的是幾個有骨氣的人物！說一句近乎過刻的話，求之於知識階級中人更是「寥如晨星」。

是、非、利、害計較得過於清楚，至少有兩句話秤量自己：「圖什麼」？與「何苦來」！這就是所謂放鬆與妥協的基點，再秤量幾句，什麼想頭都來了。道不加高，魔卻日長，原來有的那點器識，那點志趣，完全煙消火滅，而且反面的勢力的誘、迫，可將這計較者完全另投入一個洪爐。

所以，言及此，似乎有點舊理學迂腐氣（更有點言道的嫌疑），難道我們應該提「隨機應變」，到處識時務，「東扶西醉」，沒一點骨氣的人生嗎？

對於魯迅先生，不講其思想，學術，文藝上的造就，但就這一點倔強性來看，誰能不佩服他的人格的偉大？

其偉大處正在向來不模糊將就，不人云亦云，是非的分析一絲一毫不含混。

自然以中國昔日道家的陰柔處世觀看他，一定有許多聰明人在腹中加以譏笑，因為他的一切都是自找苦吃。「他火氣太大了」、「他的脾氣了不得」、「他一點事也容忍不住」，這些評論在魯迅先生的生前大概已經有人曾說過想過罷，但其人格的偉大處也正在此。

對世間一切不認真，不固執，不自己把得住，隨風便吹，隨雨便打，春來學著鳥鳴，秋間摹仿蟲叫，取悅於人或有之，求其有所建立，樹之風聲，打出亮光的火炬，做暗夜中的衝鋒者，能成不能成？

他的火氣，脾氣，他對不合意的事一點不容忍，是他的真實個性，也正是魯迅之所以為魯迅處！

若除開這一點，他的思想，他的著作，均不是我們所知道所熟悉的魯迅先生的思想與著作了吧？

在疾風中才顯出勁草，同樣，在苦鬥中才見出真正的壯士！

魯迅先生所留予我們的，第一是他人格的偉大！不屈服於任何力量，任何人，任何的浮泛的溫情的好話。

　　但有這樣精神的由來，卻基於個性之強，認事之真，不稍稍放鬆，不稍稍妥協上。

　　魯迅先生永逝了！在艱苦掙扎中的中華民族尤其需要把魯迅先生平生的精神保持下去，應付我們的這個時代！

人生價值的最低限度

「人生」二字我們要認識他的真正價值，要估衡他的價值的分量，因這個問題，久已費盡多數賢哲的心腦，但高談玄理，則不切於事實，過重唯物觀，則棄卻精神上的感受。兩者皆不獲其正解，因之駁辯紛起，多歸無當，我想固然人生問題甚難分解，而我們一日行在生之途上，即不能不求生之決定；因為沒有這一點，我們又如何有立身安心的東西？在我們的內在的意識，外在的環境中卻如何去生存著？即如中國的哲學，誠屬多偏於侈談性理，近於談玄，而所謂「飛鳥魚躍」；所謂「執兩用中」；所謂「即去即行」；所謂「克己復禮」；所謂「存天性而祛物欲」，這些話極似遷闊，無當事實，然在主此說者之個人所服膺毋失，見諸行事。已足以使其終生受用不盡。其說的是非正誤，屬於哲學思想的批評範圍以內，姑不與論；而他所以必要主張一種如合格之般的言詞去切己勵行，正是他從繁複迷惚的人生的歧途中，我得一條路去走。其為坦坦蕩的大道，或是迂曲崎嶇的小徑，那就不可得而知，在行者自身，則確是走上萬「人生」的途徑。由此他可以得到優遊快樂的報償，也可以得到悲苦爵煩的施禮，不過他究竟不是沒曾嘗試到人生之趣味的。

人生價值，誰也沒有一定不移的衡。但至少每人總要有他自己的。因為人本是有感覺及運動二種本然，又有由此二者運合而成的反射功用及其想像，於是對於事物，有善惡的評論；對於思想有取捨的分別。意志的起源，與攄而充之而成的社會連合的根本條件，全由此微點發生。人類的歷史，即是感覺與運動的發達史；而此二者的根本關係，卻全由每個人的人生價值之決定的各別態度而異其趨向。感覺固屬本能運動亦然，不過除了無知無覺的嬰兒之外，其天然的本能，恆受外圍的環境，及內在的意識之

變更所支配改變，時時不同，此理甚深，非此篇所能盡述，但例如宗教上神力開信仰，哲理上探求的默示，文學上情緒的傾流，也何嘗脫離各個人所認識決定的人生價值的範圍外去。赫胥黎曾謂：「夫性之為言，義訓非一，約而言之，凡自然者謂之性；與生俱生者謂之性。故有曰萬物之性，大川水流，鳶飛魚躍是已；有曰人生之性，心知血氣嗜欲情感是已。」（從嚴譯）自然的，與生俱表的，這就是人生而具的本能，不過本能有時受了外圍的迫逼，變遷，當然不能在一個範疇之中，其所以能改其方向的，一句話就是由於各個人對於其「人生」價值之認識不同之故。

一個縱橫捭闔的政客，他是有何等人生價值之決定？一個肩柴的樵子，他是有何等人生價值的決定？一個多愁而柔性的少女，她是有何等的人生價值的決定？一個博聞廣識的學者，他有何等人生價值的決定？推而至於無量敵人等，處境不同思想不同，經驗不同，自然會路出多歧。但正如尼采所說的重新估定價值，只有被我們自己去決定而已。我們在這等紛擾、迷妄的時代，雖是我們自己寧願拋開這個問題不管，但自然的趨勢，會使我們有決定主觀上的人生價值的必要。什麼「不朽」，什麼「永在」，什麼「大自我的擴展」，什麼「人生的綿延」，這些哲學者的話，也都是由此中產出的。渺小的我，將何適何從。

人生價值的最低限度，我的直觀有二種。

▶ 情緒生活的游衍

胡致齋雖有一句話是「學者務名。所學雖博，與自己性分，全無干涉，須甚事？」古人治學，以理學家的眼光來治學：尚須時時提到性分兩個字上去，可見過重計較而偏傾理想的生活，是在人間不能恆存的。近代文學批評家溫齊司德曾有一句話是「情緒在一種地位上是自重的，人格

的；非在他方面卻是普遍的。」人類社會所以當教人留戀，使人涵濡於其中的，只有人間真正情緒的談洽融合。理情誠能開啟知識的祕鑰，然而他使我們學，使我們去，卻不能使我們從純真的心中感到永久的趣味。所以一個人非少卻情緒的生活，不特他自力覺得在人生的險峻與崎嶇的長途上，走的乏味，即客觀的森羅萬象，也感到冷漠之感。項安世曾說：「天地萬物之所以感，所以久，所以聚，必有情焉，萬物生感也，萬古養一久也，會一歸一聚也，去斯三者而天地萬物之理畢矣。」我說人必須有情緒生活的游衍處亦有在長。感「久」，「聚」，都是在人間建行不見的，但少卻情緒來作縫繫的鎖鏈，試問世界能否不成一個沙漠？

只是盲目做事，研究，到底卻為何來？固然人生絕沒有盡極的目的，而在此中，亦要多少感點趣味，他方識得人生之真義。獨有情緒生活能擔當起這個重任，花開鳥啼，雲飛蟲散，以及真誠的哀樂的情緒的發揮；或感，或動，或思，或行，不計較，不預算，正其所不能不正，行其所不能不行，這正是宇宙的洪流，所以永沒有停息之一日的緣故，而戒於此中也可得到人生價值的趣味了。

自己人生觀的確定

德國哲學名家康德以為注重主觀之形式，皆由我之自覺性所產生。我想人間的形形色色皆屬外在的，設使我們完全棄去主觀上的審定，甄別，取捨，則外物於何有？我們的行為知覺，以及與外在的客觀物體，處與有關係的無一非自我活動的結果。哲學上所謂的認識論，與此自我的活動有極大的關係，我姑不引證，然有我而後有世界，世界一切的印象及其活動，皆視我為轉移，故名花皎月，當其境者有哀愉之不同；醇酒勝地在其時者有恬然優劣之分界，蓋自我的人生觀至不一律，黑白是非，乃不納入

於一種軌物之中。人的觀念，隨時空而有變化；但所謂時間，亦間俱屬活動的瞬變的，人類的感有對於他們，所以起不合的應感者，又由於教育，經驗環境種種的暗示中來。總而言之：人生觀固不一律，但最低限度總要有一個，而且每個人有一個。如有的偏重直覺生活，有的偏重理性生活：也有人願以醇酒婦人而度其浪漫之生，有人則力學孳孳以遂其長去之願，但流芳與遺臭原沒有了不得的分別，其是非且不論而至其自己確定的人生觀，總勝於且以優遊，且以卒歲者遠甚。人有其一定的人生觀，方可以有鵠可射，有光可尋；換句話：就是有路可走。如此等人，無論如何有其自覺的地方，所謂生存者即是被覺，他所以有被覺之處，便可立下他的人生觀的界限，由此可以循軌而趨其生活不是無目的，空處，浮薄，無聊了。

上述二端，是我匆忙中所想的，要求人生價值的最低限度的必要條件。也是人所以在「生」中多少尋點趣味的地方。至於何種情緒為相實，何種人生觀為妥適，非本為中論所及，只得付之闕如了。

反映著時代精神

接到中華公論社催寫《當前文藝之路》的來函，提筆書此，真覺到「感不絕於予心！」。

文藝不過是社會活動的一方面。與政治、教育……雖實質不同，但被社會生活客觀的決定，脫離不開時間空間的關係，正是一個樣。以為文藝獨能超越時代，像夏夜暗空中的流星般自由飛行，忽隱忽現，那只是浮淺的幻想。其實，某種社會形態和當時的經濟組織，自然符合，文藝與廣義的意識形態之上層結構的典範形式，也自然地適應著那樣的社會形態這絕非架空的議論，如果綜合地研究藝術史、文化史、心理學與比較文學史等，成例具在，如同別種社會活動在某個時代有某種類型，它適應時代的需求，並且反映出時代的精神，無間東西，絕不會越過這樣的範圍。

藝術的起源絕非只用美的衝動、遊戲的衝動籠統的說法可以包括的，除此外，生產的活動力的剩餘，韻律感與形式感的遊戲的勞動，慰安感情的技術的裝飾，都是藝術發生的因素。文字的發現略遲，但由簡單畫形的示意，有節奏的聲音的發越，為的慰安，為的揮發，為的把情感的強烈欲求表露出來，詩歌音樂的原始事同一例。但歷史的昭示，從文藝的起源到現在的文藝的趨向，十分明確的證明它在社會活動的一方面中，一例追隨著，更高明點，可以說是引導著時代向前邁進。其間縱有極端個人主義的產品，從表面上看似是逸出所舉的定例，不過文化進步，關係錯雜，地方、氣候、遺傳、階層的陶冶、教育的歧異等等，都分攤一部分的責任。所以他的作品在狹義上說，容或與時代精神背馳，但在廣義上看去，所以異者都有同者在。（在此不及詳述。）

「當前！」我們的「當前！」不必追敘十幾個年頭以前的社會動態，也不必縷舉許多事實。「當前！」請看今日之中國！……容得我們強作樂觀？容得我們自誇偉大？容得我們粉飾昇平？

當前！既然政治、教育……都不能不認清「非常時代」的血光閃閃的四個大字，文藝不像仙人口中的一道白氣，不像掩耳可以盜來的鈴鐺，說句不客氣的話，在時代中它哪能「獨外生成」！又哪能只藉個人主義的幻身術以求「羽化」！

康健、硬朗、悲壯、沉著，是我們在這個「非常時代」中應分鍛鍊好的我們的精神。政治、教育，皆應如此，文藝 —— 要怎樣討論表現的技巧，怎樣傳達作者的心意，那些枝節問題，在這樣限以字數的短文中無從談起。但在這個時代中，我們既「逢此百罹」，便應分具有打過它們的預備，便應分拿好手中的武器。文藝不是遊手好閒者手中的油核桃，自然，須分負社會活動的「當前」的任務！

為什麼我們只會講笑話，談無聊的戀愛？為什麼我們只會把回憶塗成惆悵的彩色，把怪想當做一件欺人的魔衣？為什麼我們憎惡時代感的作品？為什麼我們要在詩歌、音樂、繪畫、戲劇中「清格獨標」，不想食人間煙火？

悲嘆、淒涼、神祕、隱逸，我們的文藝遺產中多得是，他們有時間，有精細的練習，比後人做得也許更為美妙！當前！ —— 至少在「當前」，我們來不及去「重拾牙慧」，多仿古人。

「當前」炮火的巨響明光，生活的艱困流離，到處是經濟力的剝削，到處是血跡的斑斕，急轉直下，都奔流在我們的眼前，我們的腳下！文藝作家，如果說他們是人類中的敏感者，為什麼不把康健、硬朗、悲壯、沉著的精神打疊起來，為什麼不好好的用這份利器為社會活動盡一番力量！

　　一個生於現代中國的文藝家，他應分有這樣的感受，不用他人指明路標方才能辨出方向吧？

　　文藝不過是整個的社會活動中一個與他種活動聯結的鏈環，如果不把它認為是遊戲的消遣品，它應反映著時代的精神（形式的與內容的），是絕無庸疑惑而且十分明確的。

　　精神的提示，力的表現，當著這樣艱苦悲壯的大時代中，要證明我們的民族是否衰老，是否能戰勝一切，從文藝中的表現已經把消息透露出來了！

　　文藝是教育的一部分。

　　文藝對於人類的思想和感情，以至社會生活都有密切的關係。

　　我們若不能把這兩條原則攻倒，那末，我們具有良心的文藝家，生當現代的中國，（再來一句）他便應分從理想上，從情感上，想想他的任務 ── 看明他的道路。

「民傭」與「公僕」

「民傭」，你初見這兩個字一定感到新奇可喜，以為是哪位精思文人新造出的適應時代的名詞，否則認為流行詞「公僕」的雅識。

然而兩者皆非，卻係出自將近一世紀前一位進士公而作過江西縣令的自記文中：

> 吏而良民父母也，其不良則民賊也。父母吾不能，民賊也則吾不敢，吾其為「民傭」者乎！故自號曰「民傭」。

自然，向來的文字記述其真確性不免令人生疑，尤其是涉及自我的誇張，矜飾。但這位石瑤臣（名家紹今河北冀縣人）卻無專集行世，也無生前的自傳以供揮發。就是這幾句以「民傭」自命的話他並不為流傳廣布，冀博美稱，這是他的自記，至今並無刊本。也許他實無其他文詞著作以傳不朽？僥倖還是他死後被他的友人發現，於是在一篇寫於他的傳後不重要的文字中特為記出。作者在那時當然具著「為民父母」的觀念，特為證明石先生能做到「特盡子民者所當為」，而引用這位良吏的自記。作石瑤臣傳書後的梅曾亮尚有很精粹的兩句結尾語：「嗟矣！父母之保抱其子者蓋日為傭而不知也！」

以父母喻地方官的古老成語，於今當然失其意義，而石瑤臣的「民傭」二字則的確富有新解。這比一般話裡的「公僕」還像確切，在百年前的中國官吏中有人能見及此，殊非易易。以「傭」視己，以民為「主」，若非至誠怛惻，存心平恕的，豈肯以此自謂。何況他非為著述，非為文采，只是隨意私記，尤見誠心。

考石瑤臣的生平，除他的友人梅曾亮氏的一篇石瑤臣傳書後外，其本傳卻無從見到。梅氏極力稱許他做州縣官，唯心乎民，並不為的邀功

求名。「自大吏，僚友，縉紳，先生，士，民，卒，隸，無不以君為循吏也。」又獨引江西一年大饑，「飢民集西山者已數萬，齊聲呼賑，……大吏不知所為。或曰急檄石令。石令至，萬眾皆迎伏跪拜曰，願聽處置。是賑也，得緩而無變。」有這段證據供後世讀此文者，可以相信不是怎麼誇大的話。

當戰國時，孟軻氏已有君臣乃互相對峙的議論：「君之視臣為土芥，則臣視君如寇讎。」由此推及君與民，至少，在人情上也應立於對等，彼此須以誠悃密切而建立其關係。只憑以勢，以威，以詭詐，以玩弄的方法與手段，如何達到利害一體的地步？

未必因時世新了，一切的人間關係能以完全更新，能夠更合理化？未必以往的人物，事行，法則，教化，就會毫無可取，不值稱慕？未必今人的欺騙手法不比以往的高明，今人的面具不比以往的更為堅牢？（也許用不到遮蔽的面具了。）

但望少數官吏的優良愛民，為民作傭，以期更變惡劣的風氣與改革整個的「民主」，自不那末簡易。但比造成處虎狼擇肥而噬的情形總該好些！

聽他們的「演說」，看他們的「方針」，問他們的「誓言」，哪一個不是十足道地的「公僕」 —— 也就是一世紀前石先生筆下的「民傭」。無奈，反能欺「主」，急私忘「公」，他們有多少不把那一套一套的演說，方針，誓言，當做屠夫口中的大慈大悲咒念？與其行為何必有關，若使他們偶而聞知「民傭」一詞，定會在口頭上溢美讚許，當以古老的「同志」贈予這位石老先生！

因為，今之官吏，他的本位是「公僕」，他們早已瞧透作僕的技巧，與僕的償來利益了。

「不從主家那兒撈一筆，摸一手難道真要當一輩子的奴婢，替主人看家盡力？」

「古舊的陳腐的觀念，於今正該反覆過來：僕應分是主人的全權管家了。」

「公僕」，甚至「民傭」，在一般從「新」教育「新」訓練中磨習出來的「新」官員，到底有幾個在其「衷心」之中不作是想？

何況這是千載難再的勝利的「劃」時代！

一代不如一代

　　時間是永恆的綿延，人間生活是遞嬗遞演的繼往開來。

　　不錯，今春的一簇迎春花，它們那些柔枝圓葉，輕黃朵朵的小花，與去年初春的樣兒自然無多變化。但因天氣不同，土壤不同，培植力的不同 —— 環境不同之故，它們自然從嚴冬風雪裡一點點勾萌舒發，一樣「年年花發」便有榮悴之別。或則常浴溫陽，或則時逢積雨，或被東風撫摩，或受蟲蟻蝕侵。

　　種性雖一，名色無虧，但以受外界的種種變動，使迎春而開的花不但本質有異，即其形象香色上也顯有分別。

　　植物的變異性較少，已經不免被所處的環境（時間空間）浸潤迫使變異，何況是更善於適應的動物。

　　更何況是能思，能言，具有理性與深厚性感的「萬物之靈」。

　　更何況是脫離了兒童期尚未達於「而立」的萬物之靈中最富於創化性（諒我擅用這個哲理上的專辭）最富於活動力，最易受環境之型塑的青年。

　　在一切安定並無多大變動的人世間，因年齡，經歷，生理上，心理上多少歧異，老人，壯年，青年，已多「判若鴻溝」，往往有難於解釋（其實何嘗難於解釋）的存在。

　　若干年前社會的動盪不似後來的劇烈，而完成定型的社會關係還能在一個相當期間內使年紀差異的老少相諒，相容的對付過去。

　　主要原因是由於經濟生活的比較穩定，「禮」與「法」都還易於發揮它的特殊效用，所以一代與下一代之間不至因年齡，經歷，生理與心理上

的歧異而顯出過大裂痕，或至於無以諒解，彼此憎嫌的情況。

　　經驗與生活是決定人生一切的主因。以歷史著聞的帝王呆語「何不食肉糜」，（為人民窮餓而說）與曹雪芹筆下的真正鄉村的劉姥姥初入「大觀園」的情形作例，豈知「逢一反三」，實可包括人間生活與情感的千變萬化。凡無某種經驗，無在那種經驗中的生理上心理上的戟刺與反應者，勉強冒充「解人」，當然會生幻覺，會下偏頗論斷，會戴上著色眼鏡透視一切，以為是天經地義，以為是「真是真非」，以為「應該如何」，以為「他們見不及此」；以為「頑固或幼稚」；以為「是乃世道人心之愛」等等，其實是由於距離太遠，所以隔遠之故由於經驗與生活的各不相同。其不同程度所差不太甚，或尚有其他的社會牽合力與對社會的共同認識，可能互相融會，或不至有「霄壤」的懸殊。反之，不同的程度所差太甚，單憑教義式的，命令式的，甚至諄諄感化式的誘或導，效力都已有限。何況因彼此不了解而致隔閡，「我執」日深，則雙方所想，所知，所望，一定「背道而馳」。不唯不相謀且時時有衝突的可能。

　　不須多作學理上的申說，令人悶悶。中國古詩中有下面四句：

　　「下民之孽，匪降自天，噂沓背憎，職競由人。」

　　雖是說人民生活不調互相而語背憎，皆由人為，非自然所致之故，而斷章取義，正可用來形容現時老年人壯年人對於青年人不解的真因。「職競由人」！並非今之老人壯年人特殊頑固，特殊閉塞；也非今之青年人特殊驕縱，特殊不安「本分」，實以人造原因使得他們如此。不過這些原因有平常的有異常的，有恆態的有變態的而已。

　　取則不遠。我們回憶「五四」運動前後新文化的啟發，由壯年者首倡，而最能吸收新文化，最能身體力行的卻是多數的學生與富有義氣的青年。當然，視為「洪水猛獸」，甚至以新文化有亡國滅種之危的，則是

四五十歲以上的老年人（例外自亦不少）。那個時代，青年人老年人在思想上的對立，其表面化的嚴重比現時似乎加重。所謂新舊之爭，文言白話之爭，西化國粹之爭，禮教維持與衝破禮教之爭，議論文字「甚囂塵上」。實則除思想的衝突外，那時的世界形勢，國內危機，人民的苦難，經濟的窘困，社會的不安，流行「風氣」之惡劣，以今比昔，相差直不可計。

同當世界大戰停止之後，那時只是參戰國家的普遍貧困，民族自決的風起雲湧。但，顯然地，無不急需休養，一時並無兩大勢力的分野，「劍拔弩張」，使人有再一次大戰的預兆之感。

國內，大致在統一的情況中，雖有南北的對立，然所謂南方只限兩廣，且並無大戰。北方軍閥的數次動兵，其規模與破壞所及，比之勝利後大有「逕庭」。

全國雖已受外國經濟力的衝入，然民富尚殷，國本未虧，與現時八年抗戰後生產之普遍減弱，工商業之掙扎無力，貨物高漲，人心惶急的情形，有小康與至危之異。

那時，無論哪一省分，哪一地方雖也受過軍閥官僚的剝削，雖不免有貪官汙吏，究竟社會上還有相當制裁，人心還不至過分縱肆。在種種詐權貪利的行為上還多少有所顧忌，不像現時「無道揆無法守」，無所畏憚的唯利是圖，欺騙是尚的風氣。

除此四種迥異情況外，其使青年人經歷最多，觸感最深的，是他們自幼年迄今的激昂，勞困，貧苦，失望，一連串的生活之威脅。既瞻四方，復望前途，一道血跡，一片迷霧，……一種緊迫，一腔鬱積！

以與那個時代的大多數青年作比，他們尚能夠安心讀書，就業，家鄉中尚過著比較舒適的生活，只是由於遠矚未來，熱誠愛國，新潮激盪，

播思力學。縱在風起電閃的情況之下，卻都是滿懷信念，前望光明，「掉臂而行」，共作開創。試與現時自十歲左右便已投身於火熱洪爐，再鍛再鍊的深歷人世生活苦痛的無數青年比，則「五四」時代的青年寧非「驕子」？誇張點說，所處尚在黃金時代？所以那時在思想上固有老年人青年人的衝突，至其實際感受，生活上的調適，則無論老少，都使現在的人以為「可望而不可即」？

以思想衝突的表面化而言，現時的青年對於老年人或壯年人不如「五四」時代之鋒芒銳利，短兵相接。然留心社會生活的有識者，卻在心中雪亮；現時的青年對於老年人，甚則壯年人的失望與少所仰慕的黯淡心理，確是沉沉重結。「他們是過去人」的統括看法，「我們的身經心苦他們無從了解」的斷定，怕比「五四」時代的兩個世代的有形衝突實更清晰，也更嚴重？

毋庸再向上追溯，從盧溝橋抗戰的第一響起，這十年中，他們（今之青年）原在兒童嬉遊的時代，卻恰逢著中國廿八前的巨難。他們的耳目所及，他們的幼稚心理上所受的苦痛教訓，他們的腳跡所經，他們的體力抵抗，與四面八方迫來的飢餓，寒熱疾病，憤激，作肉搏的勇戰！流離奔走成為日常課業，家亡人散尤是普遍的恆事。國仇，家難，親離，身孤！他們的經歷不管在自由區或更苦痛的「淪陷區」，除卻極少數外，他們的生活豈唯非「五四」時代的天驕青年所曾夢見，即連那時代的老年人，壯年人也是一例茫然。然苦熬強掙，巴到有強敵投降的一日！如果從此「國安民泰」，一切都上了正軌，我想自幼小經過嚴厲鍛鍊的今之青年，他們較易滿足，更能澄心向學，真實作業。可是事實呢？事實的映現與促使呢？

他們的經歷多了，他們的頭腦絕不像未歷此十年的舊日青年那末天真與簡單了。生活是真熱的坩鍋，他們情願簡單（想的看的）而不可能。不信？提出下列幾個問題試求答案：

1. 你的「家」在何處？
2. 家庭經濟狀況如何？
3. 誰給錢供你生活？
4. 中學是怎樣讀的？
5. 什麼是愛？（包括一切人間的）你有什麼經驗？
6. 何為和平與幸福？
7. 你有慘痛的經過嗎？
8. 何謂人生？
9. 你的膽力如何？
10. 對幼小的回憶有無迷戀？

如有教育統計家將此十問徵求今之青年的確實答覆，加以整理計算，便可見出現時三十歲以下二十歲以上（姑以此年齡為限）的大多數青年的心情，與其已往經驗的力量。

老年人，壯年人，無論如何，還有他們的半生或小半生的比較安定，比較過得去的生活（並非完全滿足）。今之青年呢？

老年人，壯年人無論如何，還有他們的，除卻爭戰流離憤激……以外的生活享受罷？今之青年呢？

老年人，壯年人，以年紀或生活的顧慮，對一切紛亂不滿或可有支持的耐力。今之青年呢？

老年人，壯年人，雖經大難，然或好或壞，總在人生道上曾經邁步走過，即使有荊棘也有康莊，可是腳跟確曾「踏實」落過。今之青年呢？生

活的大道完全要在摸索中碰去。

　　青年，生當現時，其所經，所感，無論如何，非現時的老年人，壯年人所易完全了解。

　　固然，我不能說今之青年他們的看法、想法，以及對上一代的冷視全是對的，全是正確的。可是，我更不能武斷地說，今之老年人，壯年人，（當然指的較明事理還以熱誠關懷世事而具有較明晰的理智的一流）可以傲然自負，以為完全足作青年人導師，或「老馬」的資格。青年 —— 尤其是歷經苦難的不見何處是苦難的岸畔的今之青年，講從容的修養工夫，講在溫陽時雨中自然滋生的經過，講到他們心靈上與身體上的相當安慰，比之幾十年前，甚至十幾年前，那時的青年，確差的多。不過，他們在苦難中所獲得實際的生活鍛鍊則異常豐富。以言「偏激」，「浮動」，「急躁」，「舉動幼稚」，自不可免。（其實，即比他們的處境好得多的上一代的青年，像這些特有現象又哪會全然避免。如果真的完全避免，則一個個也許早變做「老成青年」了。）而老年人，壯年人，當此搶攘紛擾，國亂民困的空前時代，可曾有什麼導引？有什麼指示？使得所謂「偏激」，「浮動」等等的今之青年能夠逐步走上康莊？

　　他們（大多數的今之青年）的徬徨、苦悶，不知所往，不能安定的心情，正如暴風雨下羽毛未十分豐滿的雛燕，新生的內力不容易叫他們在破壘覆巢之中靜候晴朗，也難能在清寒枵腹的情況中久久痴望著被風雨阻隔的老燕歸來。這比喻我先承認有多麼拙笨，多麼荒伧，縱然不極貼切，或與事實不太相遠？

　　寫到這裡，仰首外望，片片流雲掩蔽了五月晴暉，卻非重陰凝閃彌望晦冥的隆冬景象。地上雖多砂石，並非柔土的黃壤，而茂發的青草，野花，仍然從莘確逢中爭萌，力長，它們的生意依然「興旺」。

回顧案頭的這篇文稿，恰似只列病象並沒開出藥物的未完方。要如何續寫下去，忽然記起一首宋人的詠藥物（枸杞）詩，節書如下：

神藥不自閟，羅生滿山澤。
日有牛羊憂，歲有野火厄。
越俗不好事，過眼等荊棘。
青蔓春自長，絳球爛莫摘。
短籬護新植，紫筍生臥節。
根莖與花實，收拾無棄物。
大將玄吾鬢，小則飼我蜜。

顧閱此者幸毋「以辭害意」！聊藉千年前的詩人幽想，結束我這一篇沒有論斷的「漫言」。

柔霧

泛一層柔霧黏住了玄濤，

秋來了，到處聽淒清的夜笑。

遙遙地孤燈蒼茫中顫影，

微光後遞過來一聲長嘯。

在旅夢中摸索，他不敢回頭，

向無盡處伸出震抖的雙手。

秋之夜，霧陣擋住了行舟；

沖不開海上的金戈急鬥。

雙手，從那裡拿得穩那一支長篙？

金戈飛光，透不過層霧上的密網。

你的雙手，旅人，把握住海天的秋夜，

就是橫空長嘯也溜不過你的手掌。

拍浮暗海上，好一場人生劇戰，

孤燈，絞臺的血兒在高處孤懸。

玄濤，柔霧交織成夜幕圍邊，

雙手，檢得起這靈夢的串線。

二十五年深秋，舊作

　　「想像」是詩歌中最重要的支持力，雖然要有情感做燃燒的火焰，有思想做指引的風信，有詞藻做外面的衣裳，但缺少這類堅強的骨髓，詩歌與別的文學作品便不易分辨。詩歌要提高人的聯念；（其他作品自然也有這個）由念生象；由象印感，迴環蕩薄，方能發生嗟嘆舞蹈不由自主的「迫動」。其間接傳感不是靠講理與訓教的言語，便容易深入人心。徒然在幻想上做工夫，毫無意義，固然是空餘下「奇思壯彩」的空花，無果實

能慰人飢渴；而專想以理與智教誨讀者，爭演說論文的講席，似不必多此一舉。

「想像」其實難說，與「理想」、「幻想」都非一事，而如何構成，如何適用在詩人的筆下，無論他是怎能善用想像的作者怕也不易列出詳盡的道理。

這裡且略引莎士比亞解釋想像的大意：（解釋二字不恰合，他是在歌唱呢。）

> 狂人，戀人與詩人，
> 與想像完全密接：
> 所見魔鬼比闊大地獄中
> 捉住的多多；這位瘋爺。
> 戀人呢，全像痴狂了，
> 在埃及的一個眉痕上
> 他瞧出海倫的美麗。
> 在漂亮的顛亂旋動裡，
> 從天堂到地上，從地上到天堂，
> 詩人的目光閃耀著光華。……

夠了，不多引證。無論如何，詩人「多少」總有點戀人與狂人氣，不說別的，想像力便是要點，否則見一五是一五，數一十能從一報數至十數；銖累不爽，詩人變成算學家，（不是算理哲學）那麼，詩的世界不也完全是三合土築成的堅壘了麼？

不過我所謂想像絕非徒弄虛炫，藉文浮薄，是要給詩歌注入生命的活力；是用馳思的閃光增重讀詩人的深感，理與智織成每件文藝作品的經緯，卻不能拋開那絲線上原有的光華。

「想」多了，不易通俗，或許易使人誤解，實是我們不善用，不會用，不能用「想像」罷了。民歌俗謠裡有多少「曲譬善導」，動人尋思的想像材料，細心想想，查證一點，便可恍然。還有，容易記憶的東西常易觸感，小調民歌，鄉野中的男女誰不記得幾個，就是讀文學作品的，詩歌也易有幾句上口。這原因不止在韻律上，小調民歌以及文人的詩中，「想像」力引動讀者易想，易記，易於把捉住透過想像的薄幕傳來的熱情；情既深入，而其中的理與智不更容易為讀者所據有？

　　因為自信這首舊作多從想像上用力，便略談「想像」在詩中的功用，不過並非為此詩聲辨，也不是作「想像」的專論。

致《新青年》雜誌記者信

記者足下：

　　校課餘暇，獲讀貴志。說理新穎，內容精美，洵為最有益青年之讀物。繹誦數過，不勝為我諸青年喜慰也。統照竊以為吾國衰弱不振之原因，即國民好學性之頹喪，而尤在青年好學性之頹喪。大學猶殖也，不殖則荒。矧文明日進，科學日新，尤非努力猛進以求學不為功。然負此努力猛進求學之責任者，諸青年也。且為先知先覺而負啟迪指導一班國民使之努力猛進求學者，亦非老者壯者，及比諸老者壯者之青年。而完全任此仔肩者，固吾高尚純潔諸青年之責任也。然今之青年，其下焉者，卑鄙苟且，可勿論矣。而稍知自好者，亦不過敦行謹言，期於自守焉而已。其上焉者，又只知死守學校晦悶之課本，專攻一二陳腐之科學。於所謂勇猛精進，所謂活潑進取，所謂奮鬥自勉，或充盡我青年之責任於萬一者。吾雖交遊寡而聞見窒，蓋亦鮮其人矣。雖然常此不治，將成痼疾。而醫之之捷徑，則報章雜誌，固為最良之針砭，而最利之利器也。雖然，報章備矣。雜誌有矣。且完美優好而無疵矣。而所謂今之青年者，乃多惜雪茄醇醪之小費，車馬聲色之時間，而不一購閱焉。不寧唯是，且即有圖書之閱覽處，報章雜誌之陳列所，恐亦唯願瀏覽一二野狐禪之筆記，與夫妄誕不經之稗史。或則涉獵數頁猥鄙瑣碎之雜著，以及文采風流之小說。而於類於進德修業之危言正論，與新穎精湛之科學的文字，乃絕不一顧焉。嗟夫黃蘆白葦彌望皆是，可勝慨哉。是言雖過於激，然亦確有是等之青年，而非統照之瞽言也。貴志出版以來，宏旨精論，夙所欽佩。凡我青年，宜手一編，以為讀書之一助。而稍求其所謂世界之新學問，新知識者，且可得藉知先知先覺之責任於萬一也。然青年之不悅學也如是。苟不以振啟之警醒

之，則如列珍饈，而未口試，陳紈綺而未體服者，奚以異。然統照不敏，竊願貴志於報余附白，多提倡青年讀書之利益，及讀書之方法。或介紹東西名人讀書之實驗與其規程，以期促進青年之好學心，讀書性。庶不無小補歟。上所陳者，多屬平淡無奇。而鄙見如此，吐之斯快。如蒙斧正賜答，則無任幸甚。

山東省立第一中學校學生王統照白

來書疾時憤俗，熱忱可感。中學校有如此青年，頗足動人中國未必淪亡之感。唯國中大多數人，缺乏進步向上之心。此問題甚大，似非報紙可醫，且恐非教育可救也。此覆。

女子參政問題

本社諸君鑑：

　　今學報之組已有端緒，竊意必有若干關於政治、宗教、藝術、文學等之重大問題，將由諸君研索殫究之，所得以發表於報端。不學如某，固無足以言此，唯前此曾於讀書之暇，留心於吾國今日之女子問題，頗覺其關係之重要不下於今之操管大言者所日曉曉於政治、宗教、藝術、文學諸大端。蓋天生蒸民已與以進化之機能，使之健行不息，而致世界得達於文明之域。然肩斯責者，不唯意氣超邁予智自雄之男子任之，而女子亦其一員也。是則構成世界之文明者，人類之功能。而此偉大之功能，又男女平分，適得其半者也。然自原人時代，因體力及其他原因上之關係，女子乃降而為男子之屬品，為男子變形之奴隸。此各國社會之初形罔非如是。如甄克思氏謂：宗法社會之初也，「其女子固終於一夫而男子法可以數婦」；又謂：「一民之行事皆對於所屬而有責任。若子姪、若妻妾、若奴婢，皆家長之所治也」；又謂：「夫社會女子之終於一夫，徒以人工價值之昂，男子欲保其身與其所生之利益而已。（中略）

　　顧乃徵諸事實，古籍所紀與今者，淺演社會之所存，其俗皆與是二者正反焉。一夫而眾妻乃宗法社會之通制。（中略）

　　所謹守者，此婦一身之服勞而已。（中略）

　　降至中古，猶傳奪婦買妻之俗。然則婚嫁自由，任女子自擇所天無其事矣。」又謂：「歐俗嫁娶為夫婿儐相者稱良士，為新婦保介者稱扶娘，此古助人捍賊者也。（中略）

　　若夫買妻所謂得婦以財夷虜之首，女子之身如貨物。然市有定價，則

量羊豕鵝雁計數相值，以酬失女者之家。此亦自其身之力役而起義者。
（中略）

《舊約》載雅各娶婦身為賃傭以酬其值，此實僅見。總之，古社會女子所以貴者，即以身力手指而。然當是之時，使一家之長，得十數壯俊美好女兒，則固儼然富翁也。」觀於此可見，自昔男子對於女子不平等之待遇以妻妾，視同子姪、奴婢，而有至尊無上之權力以管轄之，箝制之。又以為奴隸、牛馬而可以貨賣之，力役之。質言之，則男子之對於女子，以專制者對於平民，以征服者對於被征服者之行為而已。若在吾國，自來視女子為屬品、為奴隸者更不勝指計。三從之謬說，禮教之盲斷，按諸事實考之史籍，皆歷歷不爽。昔人諧語謂：「使周婆制禮必不若周公定禮之偏重於男子。」斯雖曼言實具至理。即就吾國文字證之，其以女子為力役、為貨物亦可識其一斑。如婦從女持帚，說文謂：服也，灑掃也。妻字云：從女，從兒，從又，持事妻職也。他如嬪字從賓，賓與臣同。又如，今之攘字於古作「孃」，為搶攘之義。

今俗女適夫家謂之為新嫁娘，此在古昔，則由搶奪而來者。凡例此之義與社會上關於男女之對遇，不待予之贅言而可證者多矣。此無論東洋西洋靡所弗準者。故男子之知識、學業、體力等種種之進步，以較諸女子雖以幾何級數與冥學級數之比例，亦雖相及。而凡政治上之改革，宗教上之設施，科學之發明，事業之成功，罔非男子之專利品。巾幗中雖亦間有之，而相較之，難易如何，多寡如何，成敗如何，恐亦不過十一而已。唯自近世以來，歐美之國治日進，教育日良，凡百事端咸有突飛猛進之勢，而女子問題亦因之遽生反響。於是女子教育、女子職業等問題皆迎刃而解。其明達之士，知男女不平等之關係，不僅於人格身分上有幾多之誤謬，即按之此後人類之進化亦生出若干之障礙。於是昔日所視為貨物、牛

馬者，今則尊崇敬愛，而少凌侮之習，力役之行。雖尚有幾許不能與男子相等者，而就其多數計之，不可謂非受「女子解放問題」之良好效果也。

　　吾國自與世界交通以後，事之趨法西洋女子問題，亦為波靡。無論教育也，職業也，有心之士，凡所以為女子謀其幸福之增加及地位之改進者，亦間為其籌計。而女子中或有英卓明慧之流，亦群起奮勵，研學謀生，以期與男子爭負此一員之責任，而欲有所建設，此至可欣喜之事。少有知識者，莫不贊同之，輔助之，以冀同盡力於己國之文化，而與世界之無量數男子女子以期共達於世界文明之一日。故吾謂：「女子解放問題」在吾國之今日已無餘地更有討論之價值。所待商榷，則解放後之所設施與其所取之主義而已。此其所關甚重，非可檮昧而言數辭可決者。然吾謂：「女子解放問題」所急於先決者，則「參政」之問題是否所宜或可棄取否耳？亦即吾所願貢其愚思而與諸君作此單純之討論者。夫就男女之天賦權能言之，則男子所能者，女子亦多可舉措無忒。（按生理言之，則男女身心之不同甚為顯著。如男之性偏於消耗，女之性偏於儲蓄。又如男多進取性，女多保守性；男多能動性，女多受動性；男多活動性，女多靜止性。因其根本上之差異，故發之於道德、宗教、技藝等往往有天然之不同。然徵諸歐美女子凡男子所能任之職務女子亦任之，而成績之佳，固不多遜。如教師、主筆、醫生、律師以及其他各種之職業，男子所為者女子皆能為之。即已有參政權之各國，如南美諸邦中有行之者，或為議員，或為行政之官吏等，亦未聞有何等特殊之缺點。最近如歐戰中之女子軍隊、女子飛行家等，更足見荏弱靜止之女子，其能力之卓越不下於鬚眉也。此雖不能概言，亦可以證矣。吾意男女生理上之不同，誠無以易而欲勉奮以蘄及之，固不能謂男子所為之事務，女子終不能為也。）

　　由此演繹而推知，今日社會上男子所任之職業，以分與女子亦罔非

可。政治上之生活，自來為男子所專據，而不容女子得有所參預於其間。此不獨吾國歷來之政治現象如是也。若女子而亦能投票建言以作政治上之活動者，實鮮其例。自歐潮東漸，於是吾國「女子參政」之問題，自民國元年發動以來，異論朋興，辨難質異，遂於現在各大問題之中有甚囂塵上之觀。今歐戰告終，凡百事業咸受其巨大之影響，則「女子參政」之問題可預知其將為吾國女子一切問題之先河。其所以資吾儕研究之點者必多。而吾則以為，欲解決此問題須先徹底了解「政治究極之目的為何」及「女子之必須立足於政治之地位否」，此兩種疑問解決，而後「女子參政」四字自可不費辭而冰釋矣。夫斯二者專論之，累千萬言所不能盡，又非薄識不學如予者所敢臆測，顧以吾一己之理想，以為政治之究極目的，雖主義萬千，然可得一極通行之語以括之曰：求得最大多數之最大幸福而已。夫求得人生之最大多數最大幸福，必遵今日之政治軌途以索之乎？抑去今日之政治外，而最大多數最大幸福即永不可見諸事實乎？此實亦不易解答之語。

　　吾以為政治家之目的論，固以求得最大多數最大幸福為指歸，而所謂求得最大多數最大幸福，亦不可謂去今日之所謂政治外不能得他途以進也，抑謂之為政治者不能無機變縱橫之術於其間。雖所謂良政治者，恐亦難脫此束縛也。如近世之所謂政治者，固不乏修明之時，而其齷齪卑汙之習，足以使人投入其中有「染蒼則蒼染黃則黃」之慨。則中外之治，固未嘗不等諸一丘之貉，而謂宏猷大計、明罰勵賞者，恐未可多覯。雖如美利堅之政治，而當其選舉時金錢運動黨爭攻排早昭著於世人之耳目。固曰運動當選期所以實行其政見，黨爭激烈所以促國家之進步。吾則謂：既欲求得人生最大多數之最大幸福，不必履此軌道而後獲得。是則吾人所以盡力以改進人生者，自有其他之社會事業所得之效果，亦未必遜於在議院政府中也。如是則雖在男子尚不必人之投身以入此漩渦中，而謂高尚優美之女

子亦必置身於機變縱橫之政治潮流中,以自討苦趣,而與男子爭此一臠乎?抑豈必與男子分此政治上之權利,始能盡力於求得最大多數之最大幸福乎?

吾非謂女子不應與男子平分政治上之權利也,亦非謂女子不能作此政治上之生活也,顧以為女子既具有高尚優美之性質,自有其神聖超越之事業,亦胡為置身於議院政府中,而自損其天賦之才質哉?是以女子固不必須立足於政治中也。世之論者,恆自政治為人生之終極,亦為人生事業中之最高級,而久被桎縛之女子,一旦得復其自由,自必事之要求與男子立於同等之地位,此政治之揭櫫,又多認之為最高無上,故咸思加入,為其組織之一員。

此其思想,固未可厚非,而不知其他事業尤有重要高尚過於政治者在也。此後之女子內而家庭,外而社會,所以殫心勞慮,期以盡其天職者,正自無限人生問題,所以有待於女子,而始得圓滿解決者,亦已甚多,又何必自投入政治之榛莽,以自束縛其思想心身哉?吾上所言要就政治之解釋及女子之本身立論,甚以為「女子參政」非不能為,非不應為,故不必為也。若夫以「女子參政」為能力、知識未充,有所顧慮,以及恐因此而於家庭有所破壞,社會有何危險致作杞人之憂者,是皆皮相之論,非吾所待商於諸君者。上所敘言,皆倉卒為之,未遑修飾,唯獻其一得,以待指示耳。質之諸君,以為何如。

前見某雜誌之記者有言「余意今日中國之婦女界宜先求與男子為智識上之平等,生計上之平等,則所謂在社會上、政治上同等之權利,而後有逐漸達到之希望,而後亦無流弊之可言,此則非竭力從事教育不為功」云云。此亦一持平之論,其有裨於吾國今日之女子問題者甚大。故附錄之。

女子解放問題之根本觀

　　自新潮東漸。於是種種解放運動之呼聲日高。如文藝傾向、勞動問題，皆風靡波湧，惹起世人之注目。吾國處數千年積習之下，一旦攖茲世界空前之巨變，風聲所播，國人之思想論議，咸受猛烈之激刺。迂拘者視為目論，持重者以為悖狂。其實則因果所關，事有固然。徒欲激遏湮閼，視等洪水猛獸者，非唯無益，徒惹爭紛，夫何益耶？是何為放眼澄心，驗已往，計將來，協力同心，預作先謀。使此等重大問題，不至入於叫囂隳突之狀態，而循平和靜達之途軌，則不唯目前免無謂之爭。而機會既到，則自可迎刃而解，不至引入紛擾迷茫之漩渦中。其為利於國家者，不寧鉅耶？是以，吾於草此文之先，所願為關心世界潮流之新舊人士，而進一解者。

　　夫女子為人類之一部，則勿論其為國家、社會、家庭所以構成者，女子皆為其組織中之一員。則言人類社會之事項自當包括男女兩性，而並論。自不待辭費者，故所謂今日之解放運動者，非僅指男子而言。而此專稱女子解放者，是自有故。蓋人生自有歷史以前之邃古時代，即已肇文化開始之端，遞演遞嬗，迄於今日，其間之創造、改革、反抗、滅亡，諸歷史的事實，無非以男子為本位之文化傾向而已。雖在圖騰時代，母系母權之較重，然一瞬即逝。後此幾千年之歷史，無非男子之活動寫真耳。固無關於柔脆幽閉之女子也。而如此現象，則吾國為尤甚。是即人生幼稚之過程，發揮其本能勢力以為異性之征服，致使半數之女子，感低首下心，以磨滅其人格，柔弱其體力，減消其知識。迫抑遏塞，混沌黑暗，其四圍之空氣壓抑之結果，遂以女性為男性之屬品，唯經營生殖之事業。其可悲孰甚！降至近日，自十九世紀科學之進化至銳，人類之思想，亦因之遽起變更。知所謂女子與男子既同為人類，則其利害關係，固同一體。

女子之不幸，將關連於人類之全體，非僅女子之哀苦耳也。且人生平等，何能以異性之故，而分畛域。益以女子之知識漸高，亦幡然自覺，奮起力爭，以與男子為最後之決闉。是以此「女子自決」問題，乃大波軒起，為世界第一待決之問題。今歐西諸邦，以前此之醞釀，及大戰之結果，凡女子懸闕之問題，皆將以次妥定。獨吾國教育不昌，政治棼亂，女子有教育者，萬難得一；而禮防之設，風尚之言，又根深蒂固；中於人心國俗者，不易救藥。則所謂「女子解放」之四字，置諸國人之前，不能無幾許之嘆感焉。今略論此問題根本之觀察如下。

自我發展主義

凡人類皆具有個性，是即各人之特有質素。內而思想之變化；外而行為之發揚，莫不攸賴乎是。所謂我者，具有獨立自由之意志，行為不能為非我者所束縛限制，而可無限揮發其欲望要求者也。故個性之尊重，已為世界教育學者所公認。近世女子解放之運動，蓋亦基於此個性之要求發展所致，而非過分之行為也。蓋人之身體、形色，縱無迥異之點，而唯個性之為物，則為各人特殊之所稟，而不能齊一者，誠以人之個性潛伏內部，基於遺傳律之稟賦，受處界境遇之變化，乃能揮揚、奮發、努力於事業思想。故古今來發明創造之能力，莫不由此個人之特性而蘄於成功。然過去人類能依據個性而發展其本能，唯男子耳。

若女子者，多數皆將其固有之個性夭閼斷絕，其思想行為，不敢不依附男子三從三綱之肓說。行之四千年，而吾國女子之個性，乃消磨歌哭於床笫圍困之內，不能有特異之言動，不能為非常之技能。或有欲越此一成不變之恆蹊者，則繩之以無才是德之議，加之以牝雞司晨之誣。以是因緣，而女子乃只能縫紉、能炊飯、能作一家庭之從品，能為生殖子孫之機

體，心臟疲弱，肢體傷殘，徒作男子之玩偶耳。所謂母性中心主義者，其結果乃使若干之女子，失其個性之發展，倚賴他人。至一己之人格何在？蓋不可知矣。故欲女子之改造，一變其舊日束縛、壓迫、苦痛、憂鬱、倚賴之習慣，而能達到獨立、自由、愉快、經濟、平等，生活改進諸地步，則第一之要件，須先求自我之發展。欲求自我之發展，則個性之解放為刻不容緩之先舉。蓋欲祛除男子私利之思想，壓抑之手段，以謀男女之一切平等，捨此固無他術也。易卜生（Ibsen）為善於解剖個性，富於新思想之近代戲曲家。有一劇敘一婦人曰娜拉（Nora）者，感於其夫之抑塞其個性，為家庭之玩偶，故決然引去以自謀其新生活。將行時，謂其夫曰：「我將往覓教訓一己之道，若此等事，汝非能為我助者，我將子身以履行之，故離汝而去。」（I must try to educate myself. You are not the man to help me in that work, I must accomplish it alone, and therefore I now must leave you.）嗟乎！娜拉之言，誠可代表自我發展之主義者矣！誠可代表一般不幸女子最後覺悟之誓言者矣！蓋以個性之壓抑，以家庭間為尤甚。然壓抑愈甚，疑怨愈滋，一旦內伏之性衝動，對抗將不可阻遏。是何如先行解放誘導，以期發達奮屬之，而符平等之真義，收協同之效果哉！

▶ 文化改良主義

文化之為物，為人間生活之理想所由成。蓋人類者富有希望心之高等動物也。不滿於現在之境遇，故思改正之；不滿於社會之現狀，故思創造之。故一切有形無形精神物質上之變化，皆此希望心之發達所致。故文化者，實希望心之實現所獲者。文化為人類之共有物，則關於女子者，亦至俱由人類理想所現成之事業。思想在在，均與女子有連鎖之狀態。一學說之倡導也，人民為之警悟，社會為之震悚；一詩歌小說之流播也，俗為之革，風為之移。雖起始於腦痕之一線，而其結果所居，固有雷霆萬鈞、陶

冶一世之大力焉。知乎此，則可知文化改良主義，為女子解放第二步者，固有因焉。今日之人類，既已有奮猛之進步，則昔日之人類活動，若受動為盲目的運動，皆將退化。則自發的、創造的、有意的活動，將為此後之標鵠，無俟疑義。故文化主義，為人於自覺時代，而由自我發展主義為文化之靈魂焉。

文化主義既改良，而達於自發的、創造的、有意的之努力，其結果將人類全體咸呈劇烈之變化。凡科學、宗教、藝術、道德、法律、風俗、習慣等皆升進於高美之地位。而社會組織，亦當改良而達於至善。使全世界之人類舉皆立於最高文化生活之上。即人間之思想行為。無不具有真正文化價值。如是，而文化主義既改進，人類之生活亦至於優美安全之境。

所謂「女子解放」問題者，非人類生活之求改進乎，非欲使人類之思想行為一一皆立於最高文化之境地乎。蓋男女不有真正平等，新生活之改進無望，女子仍是受束縛壓抑之狀況，則人類思想行為，不唯距最高文化之境不可以道理計；且將墮落卑下，漸入於莫能救藥之途。是則將女子解放問題，而附於文化改良主義者，蓋亦勢所必可至不可或免者。

今日吾國之文化如何，其待改良者又如何，關心於女子問題者，不可不一致驗之。其對於「新女子」之主張何如乎？是皆文化主義之有關於女子解放運動者，究之，則文化生活一貫之標語，蓋不外學問也，女性的行為也，藝術也，與其他人類進化之程，皆為文化主義理想上所有事焉。

男女平等主義與人類無階級的聯帶責任主義

此二種在女子解放問題中，固有因果之關係，蓋非男女有真正平等，則人類無階級的聯帶責任主義，未能實現。男女平等之極致，乃能達到此人類無階級的責任之地位也。在女子未能解放以前，人類其他之階級，姑

勿論已。即女子已無形為男子社會水平線下之一種階級，已無可諱。而欲以此得達其聯帶責任，以供諸世界，談何易易。

夫人生而平等者也，乃以政治之演進，社會上之變遷，人類利己心之發達，馴致圓顱方趾之倫，而突呈強弱優劣之相。於是各個國家，乃有所謂階級者之名詞出現，有所謂上流焉、中流焉、下流焉，夫亦極人間世不平之狀態矣。乃女子亦自有史以來即居於不平等之地位，夫權利義務之對待，豈可以性的差別而有所軒輊耶？家庭錮守，社會棄遺，唯飲食外，於文化、生活無絲毫之參加，一任自私之男子叱吒、驅策，而為其殖生、服役外，思想不能發展，身體不能自由，無非無議，黑暗混沌。此半數之女子其不幸為何如耶？不寧唯是，以女子事事不能平等，故致文化之進步、生活之改正上受巨大之影響，則其不平等之結果，即男之亦何嘗不食其賜與。

故於自我發展主義，文化改良主義後，即男女平等主義者，蓋自然必至之程序也。夫文化主義所以為男子之本位者，皆以男女無平等之機緣耳。一旦女子各種事業以及思想、學術，舉能與男子作並駕之孟晉，欲文化生活中，而無女子之質素，恐必無如此謬悖之事實。今吾國女子久已不能與男子平等者，著聞於世界四千年來，男尊女卑、乾坤陰陽之義，瀰漫於專制淫威之空氣中，幾如海枯石爛此義難磨，藏之萬世千秋而莫可更易。又復繩之以禮儀，殘害其肢體，務使其不能有一毫釐範圍外之思想行動，永久居於幽囚壓制之中。嗚呼，是世界自來男女不平等，固未有若此遙遙華胄之甚者也！日本受近世思潮固較早於吾國者，其女子之自由，亦較吾國為優。然觀於美之家政雜誌，女記者 Miss Madehine Doty 之批評日本婦女曰：「日本人蓋明明賤視婦女者，女童所受之教育異於男童。近來女學校雖增多，而受教者仍居少數，小學畢業而升學者至鮮，即其高等

教育，亦限於縫衽與交際禮儀。在男子之意，彼所需要者，非伴侶乃管家婦也。」「以妻為夫之所有物也」，「婦人之位置甚低，卻人人皆須工作，工作之代價甚低。有一包裹場中，女工每月僅給三元五角，而男工則須十五元。此三元五角，猶非其所自有也。未婚則奉之父母，已婚則奉之夫。（經特別請求，始可自領，然甚少見。）日本之實業日興，日本婦女之遭際更苦。」「其婦女無意志力、無創造力，只能作服從的童孺或僕役。不能獨立，不能代執男子之職務也。」

　　觀夫女士斯言，其痛加掊擊於日本之女子社會，而與男子不得平等之意，顯然可見若吾國之女子，尤不能不為之汗顏無地也。試觀吾國類此不平等之事實，其例繁多，無俟指計。然大概分之，則皆可包入智識不平等、職業不平等二者中也。知識為文化進步、增進人類幸福之第一要素。開化蠻野之分，以此而判定；強弱優劣之由，以此而執著。何不幸為女子身者，竟與弱者、蠻野者同為無知識之階級，而一任強者、優者自詡為開化者之男子，所侮欺愚弄也耶？！吾國舊有之教育制度，將女子甘居化外，即有所謂內則女傳者，類皆柔順是嘉，婉娩為德，箕帚酒漿，養成純粹管家婦者。是為過去之陳跡，無可挽救。自所謂施行新政以來，於今又若干歲月，男子之教育果已達如何之地位，姑無足言。試問曾受過中小教育之女子，能居數萬萬中之幾何比例數耶？統計國人（指男女言），能識字讀書者，已不足百分之十。而女子詎能及其餘零耶？且以今日之女子學校，皆偏重於一技一藝之增長，而不為之謀高深之學術。何怪乎興女學已數十年所獲得藉藉人口之效果者，唯養成良母賢妻六字之口頭禪而已。

　　國中既無女子大學之設立，去年有某某女士，要求入大學旁聽，竟不能達到。是則所謂智識平等者，並此畸形之一角，亦使熱心智識之女子缺望而去。則「女子解放」問題之為何哉？然近日此等智識欲之要求，已見

其端。恐終非拘守委蛇所可長此終古者也。若夫職業之不平等，乃基於智識不平均而來；無其智識能力，又何能事事與男子為平衡之對抗？以缺去智識之故，雖奮鬥於一時，終且自歸於失敗之途。即有一二學力才幹優長者，亦居最少數。亦何與於男女真正平等哉？以智識不平等之女子，而謂能與男子共負無階級的聯帶責任乎？故今後，苟欲女子永湮沉於混沌中，則亦已耳。如欲解放，也則不可不先謀男女智識之平等。凡男子所具有之智識，於女子亦當同視而不可稍有歧異，然後繼之以職業平等如是。女子之思想既得自由，其經濟亦足獨立，則尚何平等之不能達到哉？如是，以其精神上之能力及優秀之女性，以與男子共圖社會之進步，則無階級的聯帶責任主義自可不勞而獲得矣。

普遍勞動主義

勞動為人類之本能，即為人人所不能離卻者；生活既為人類所必需，則為勞動而服務，不唯無分於男子。即凡立足於社會上，不能脫卻人類組織中之一員者，其勞動雖有判別，而必須勞動以謀生活之增進，是不可或免者。蓋勞動既多，則精神物質上之生產自然增加；生產增加，則人人將受其便利。蓋欲文化程度之前進，是固為其第一原素也。矧以今日之世界勞動為人人所急需普遍之事業耶。夫勞動精神，以勤奮普遍而日形進步，固人類之共同作業，烏可以有性的關係而有分歧，以致義務供給者，未能遍及，而權利享有，亦因之有特殊哉？

由自我發展主義，以達於文化改進之地位；基於時勢天然之要求與需要，而女子乃不能不預為加入普遍勞動之運動；以職業關係，而斬學問與經濟之獨立，以實現人類生活之本義。故須予女子以自由職業之選擇，藉其能力學業而從事於勞動事業，不拘拘於徒為家庭中之管家婦。出而立足

社會，與男子共同為職業之活動，則個性可以自由發展，社會進化亦無偏畸之虞。其所獲結果，固不僅能達到平等地位已也，而人類無階級的聯帶責任之神精，實可於此而發揮光大，以現此優美完善之理想。夫唯人人能各盡其所能，各供其所需，則社會上可以免去階級之攸分，而共擔當文化改進之責任，則世界大同、極東國土，又奚必夢想於烏托邦中耶？今之倡言女子唯當從事於家庭生活，而無須為整理家政、教育子女外之職業者，何其拘也。抑知先此女子不過為一種人類之裝飾品而已。唯知瘁其身心為屋內之勞動而已，然在此「女子解放」之時代，母性已須分而為社會勞動之一分，非唯理之所寄，亦由勢之所迫。否則，女子但能為整理家政、教育子女之事，則社會進步無形中減少，而文化亦因之不能驟達於高尚之地位。其為害豈唯如目論者之所見也耶？今歐洲以戰後關係，女子從事於普通勞動者，已日見其繼長增高之度。若我國女子能為社會勞動者，除貧苦無告而為工場之女工，以博幾微之薪水外，富者既養尊處優，不以職業為要圖。即窮苦之女子，亦苦於謀生之無術，其可哀為何如耶！而國人之生產上，亦無形而受多量之損失矣。若夫因不能為普遍勞動而倚賴男子，無經濟之獨立失卻平等之真義，斯則尤堪太息者，今欲求男女平等乎？曷於此，注意及之。

　　夫「女子解放」問題在今日，固為急須研究之問題。而頭緒紛繁，非一二語所能涵括無遺。然總其唯一之主旨，固不外由自我而發展，以達諸種種平等之地位而已。吾誠知以今日中國一般女子之程度，為此等之設施，或疑不免為太早計。抑知莫為之先，曷以克後？十年前一般人士之觀察，又焉知中國建立於共和成功之途？十年前之歐人，又焉能確定諸國中社會主義之瀰漫廣播，如今日俄匈諸國之甚者哉？以是例諸吾國之女子，今日固仍在迷夢初覺之夕，然十年後又焉知不為萬方清曉之平明耶？吾輩知義理所在，能盡提倡研究之責焉耳。夫豈能鰓鰓為慮，以時會未至，徒

託空言為哉！

　　然此重大問題，若欲為之縷析條分，廬非倉卒所能盡。以方法次序揆之，更千端萬緒，不能罄言。吾為此文，聊從解放之根本上，而作綱要之觀察耳，固非敢謂詳且盡也。

　　今總括此文之大意，而為「女子解放」下一根本的定義曰：女子以基於個性的要求，而謀自我之發展，希望達到男女真正平等地位，共負人類無階級的聯帶責任主義，以改進世界之文化。故從事於普遍勞動，而要求完全的解放。

北京之小報（下）

　　北京小報的弊病，與他那些惡爛不堪的材料，和無賴文人斗方名士主筆投稿家的作用，都被我的朋友宋介先生說了個詳盡透澈。且都是針針見血的話，我以為稍微有點知識的人看了，是要稱快。就是這些自命為大主筆、投稿家的，若平心靜氣的看過一遍，也不能不有點「汗流浹背」的慚愧。但是「人心不同」，我也不敢料定他們是這樣，但是我們熱心盼望卻是如此。因為我們說這些話，絕不是故意和他們作無謂的指摘，也不是對於某報某人作單調的議論，實在若是講到改造社會，非先把這類的東西去掉不可。這些害處，也不用我來再去表白。歸根說一句，這實是北京社會的一種百斯篤菌，也是首都地方第一個的大汙點。雖說是個不關重要的問題，然而一天不去掉，便是為改造社會一天的障礙。我很希望一般辦小報的人，能以虛心想想，不必作意氣的動火，真正撫著良心去報導真實的事，為一般看小報的人算計算計也。當知我們絕不是故意去的。而且辦小報的人，老實說一句，誰不是營業的關係？（其中或有特別目的，更不必說他）若想保存營業興盛，這也絕非不好的事，而且也不是天難的事。何必一定要去滅視自己的人格，迎合社會的惡劣心理，說些違背良心的話，就能夠一本萬利呢！

　　北京多多少少的小報，若是這些主筆先生，果然能夠改良起來 —— 無論是主張上的關係，或是營業上的關係 —— 普及一般社會，實在是一個社會的新改革，報界的新紀元。愚所及，比許立幾十個講演所，幾十處通俗圖書館，效力都大得多。但我還不知道辦小報的人，有這等的覺悟沒有？有這等的決心沒有？有這等的識見沒有？有這等的能力沒有？然

而我雖捧了滿腔的熱心，希望能夠這樣 —— 或者漸漸到了這樣完全的改革 —— 以下便是我對於小報改革的具體主張。

我們所說的改革小報，絕不是說他們不必辦小報，是要將小報的思想、主旨、材料、文字，全個兒「捨舊謀新」，來一個大大的改造。外國的大報館，往往在正報以外還出些晚報啊，週報啊 —— 中國現在沒有這樣辦的 —— 在社會上的效力很大，在報館的營業也很有關係。所以北京每天在正報以外出刊的小報，最好仿照這個辦法，來補助現在文化改革的運動。以下先將我對於改革小報的方法寫出來，與大家商榷，再將小報主筆應有的學識思想說說。

第一，專載紀事的小報。報紙以傳播新聞為主，紀事一項，實是報紙的骨子。雖說大報上除了新聞以外，還有什麼論說、點評、文藝、插畫，種種門類，其實它的根本，還在紀事上面。所以有人說：「有新聞而無他件，不失其為新聞紙也；有他件而無新聞，則仍呼之為新聞紙者，必無人也。」這幾句話，確實可以證明紀事在報紙上的價值。現在各報的紀事，長篇大論的也有，專電譯電的也有，零碎小新聞也有。但是小報若要改為專載紀事的體裁，能夠辦的好，效力也極其偉大。或者說是，凡一切新聞，都被大報上蒐羅淨盡，若小報再登，誰還要看他？然而，這卻是文字經濟的關係。因為大報的紀事多而且雜又往往沒點統系，這邊一個專電，那欄幾行通信，且是材料既為複雜，閱報的人往往沒有完全閱看的精力。又有文藝啊，社論啊，種種東西，可以亂閱者的注意。所以小報要改為專載紀事，須要篇幅不大，字號要小，也不加入其他的各欄；所紀的新聞要有選擇有經濟，讓人一眼看去，就非常清楚。專載世界、國內重要確實的事件，能以使閱者看這小小篇幅的紀載，抵得過若干的大報。不但當時看過，且是還可以永遠保存。若能辦到這樣，不但事多極忙的人喜歡看這種

小報，就是急於明白大事的人，也當然歡迎。況且能以使社會上對於新發生的事件，都有明確系統的觀念，這不是一種頂好的報章嗎？

　　第二，紀事兼評論的小報。這類小報的適例，從前是很少。然而《每週評論》、《星期評論》，卻還是最相宜的空前模範。如能將每週的都變成每日的，以白話或淺近的文言，作精簡的評論，有系統的紀載，不登無關的事，不說無謂的話，在社會上必定能夠銷行。也可改正一般人的視聽。這是現在中國最相宜的報紙，是北京最相宜的報紙。若各附印小報的報館，於正報之外，另外編輯發行這種紀事與評論的小報，實在是令人歡喜。

　　第三，研究紀學術的小報。這類小報是不容易辦的。材料也不是容易湊集得來的。然而可以將每日出版，改為隔二日，或三日出版。——就是每週出也可以的——而且辦這類報的人，須於學術有些研究，不可隨便充數的。學術研究又可分為普通的、專門的兩種。普通的，無論那一種學術的新聞、研究，以及一切關於世界、國內學術界的事，都可登載。專門的，可以按定學術一門去研究紀載。這類小報，雖然一時不能普及一般社會，卻是最有功用最有價值的。若長久辦下去，實在比幾本教科書效力還大。

　　第四，專載文藝的小報。這類小報和前一種的性質差不多，不過還要普通些。文藝兩個字，卻不是容易談的，什麼舊文藝、新文藝，現在正在激戰的時代，辦這種小報，論起來比前一種還要難。因為文藝的精神和文藝的創作，不是隨便的事情。我這時一時也不暇去詳細剖分，不過我很希望有這種小報出現，能以去做文化改革的助力，提高思想的妙藥。然而可不是花花綠綠的小說，扭扭捏捏的壞詩，捧角評花的小品，這些東西，就可以算為文藝的小報。必定真有文藝的眼光，和真有文藝的文字才算，至

於辦這類報，靠著一般自命名士派的人是不成的，必得有真正研究文學的去主持那方可以有些好成績。

第五，專為通俗的小報。通俗的小報，我記得曾前各處發行的尚不為少。若真正求出幾份精粹的來，也是「沙中揀金」一般。北京現在也還有幾份，不過他們辦這類報，全沒有正確的主張、改良社會的方法，與通俗知識的傳布。只是雜湊些小新聞，編些無謂的小說，再就是沒有正當眼光的評論。雖然具了一個很正當的名字，只是唯從營業上著想，不知「改弦更張」，實是可惜得很。我對於通俗小報，卻有幾種徹底的主張：

→ 全用通俗的白話
→ 普及粗淺的科學常識
→ 說明世界國內大事的概略
→ 多登刺激社會改良的小說

這四條能切實辦去，決非甚難，收效而且速易。只是具有常識、熱心改革社會的人去主持著，是再妥不過。北京通俗小報不少，我很盼望都整頓改革一番。

第六，專載評劇的小報。評劇應該有什麼知識，具什麼眼光，這是很可研究的事情。舊劇是當如何改革？新劇是應如何創造？如能熱心去細細研究，興趣既大，應用也多。在北京專門評劇的報卻有好幾種，不過他們那種普遍的評論，實在不能有什麼價值。── 其中也有幾個眼光思想比較高明些的人 ── 說句不客氣的話，只好做舊劇的奴隸罷了。論起戲劇來，我另有主張，這時是不能詳說。若專辦這類的報，評新劇也罷，評舊劇也罷 ── 因為目前中國新劇，簡直還沒些影子，只好連舊劇也算在內 ── 如真能拿藝術的眼光和文學的精神來去指正，或批評，雖不能達到十分完善的目的，總比現在那些只知說臺架、臉譜、亂打的評劇家好得多。

　　第七，專載某種事務的小報。這類的範圍，較為狹小一點，是預備給專關心這類事務的人閱看的。譬如紀載商家的行情，與商務的事務，或是專紀社會上某種事務，都在這一類裡。但是這類報看的既少，也不很好編輯。若有專門想著注意於某種事務的，也可以試驗著去辦。

　　以上我隨意想著，隨手寫來，已經有這七條。大概若是想著改辦小報的，就中任擇一種，決心辦去，都可說是功效比現在小報要大的。其中，尤以紀載兼評論的小報，是目前最相宜的。

　　再說辦這各種小報的人的學識、思想，自然也不能是那種「濫竽」充數的。徐寶璜先生曾說：「愚亦深望吾國之畢業大學者，多置身新聞界，不讓斗方名士、末路官僚、失學青年盤據其間。」切實說來，就是辦這幾種小報，又何曾是斗方名士、末路官僚、失學青年所能「勝任愉快」的呢！不過，中國社會事事有才難的情形，大學畢業的能夠有多少，畢業後能夠盡力於新聞事業的，更是少數中之少數。所以降格以求，也是無可如何的事。但希望將來辦小報的，或是現在辦小報的人，真正能以力行虛心求善的主義，力求學識思想的增高，只要一天一天的改良起來，也可以少滿人意。至於辦這幾種小報的人，除了幾種須具專門學識的以外，至少也要具備以下三種的條件。

- → **須有普通的常識：**本來，近世的教育進步非常的快。無論誰都該有普通的常識，何況當報館裡的主筆。——有時小報的主筆比大報中的主筆，還要難當，所以第一條是勿用說的。

- → **須有清潔的思想：**現在拿著報館實行騙掠主義作人格的犧牲的，觸目皆是。小報的人，更是我不忍去說。藉著可憐的墮落婦女，或是辦些甚麼花選咧、鼓選咧，去滿足他們的金錢目的。咳！這種思想，是怎樣的卑汙可憐！所以設若辦小報的人，真能將他們的腦子洗刷清白，

就是維持他們營業，也還不至這樣。而且，以辦小報的一兩個人思想不清潔，將許多看報投稿的人，也影響壞了，這實是一種精神上的罪惡。所以這清潔思想，實在是第二個要件。

→ **須抱改革社會的決心：**無論辦什麼事，須要有個鮮明的目的。我說辦報的人，須抱改革社會的決心。── 辦小報的，的的也是如此 ── 照這個目的，腳踏實地走去，實是我們社會中的福音。那麼，自然那些敗風壞俗、亂人心的字樣，可以去掉在主筆先生的筆尖上，永不發見在閱報人的目光裡。辦小報的人，如個個是與這三條不相差謬，就算學問上少差些，也還沒甚大害。自然那些視人格 ── 自己與他人 ── 不值一錢，只為金錢作奴隸的弊病，當可永不使之留在小報界裡頭。而對於投稿的審察，也自然可以清楚些。

我作了這篇文字，我也知道恐怕沒有些人來注意。不過，我還要問幾句話：

在辦小報的報館，是否自命為代表輿論，負改良社會的責任？是否其中的主筆，都是應該藉著文字的力量，去教導人民的？若是說我這幾句話都還不錯，那麼這小報的該廢掉，更不必多說第二句話。至於營業關係，前面我已敘過，而且也萬不能純為營業的關係，便做這種卑劣的事業。

常看小報的人，是否是些墮落的少年、浮蕩的子弟、不正幹的學生、狂嫖濫賭的闊少政客、遊手好閒的流氓？若第二層我問的話也不錯，我還要問一問他們這些人雙肩上負著什麼責任？而小報對他們又應該負一種什麼責任？

　　咳！現在時代是一種什麼時代？現在潮流是一種什麼潮流？為什麼好好的人 —— 好好的青年 —— 只是向這裡頭討生活！—— 覺悟！—— 改革！……我希望閱小報的人大大覺悟！辦小報的人大大改革！

兩性的教育觀

　　兩性是什麼？教育是什麼？他們相互間有什麼重大關係？第一問，和第二問，凡是少有智識的人，必能解答清楚，不用我再去注解。然而第三個問題：兩性和教育有什麼關係，這的確是不容易的。人人知道，教育是拿來養成人類的智識，陶冶人類的品性，其結果便是人類所以做人的道理。那麼更不用說，既是名之曰人類，當然含有男女兩性。所以如此說來：兩性和教育的關係，更不要繁言而解。雖然，這是具體的說法；籠統的說法，若要更進一步問：男人和女人是同性？還是異性？若說他們是異性，不是同性，而異性和異性，在人類社會中卻發生何種關係？世界上無論科學有如何偉大的能力，在現在總還不能有變換兩性，或是消滅兩性的力量。兩性既是依然存在，那末這種本乎自然的性慾，更不消說消滅不掉。既是如此，關於男女兩性的教育，應該怎樣去著手？怎樣使之發達？怎樣使之沒有流弊？這都是現今教育界上應行研究的問題。

　　以前的教育，甚至於現在的教育，是怎樣？對於性的觀念是否曾有討論，預備，研究，設施，小學校的兒童，應該怎樣？中學以上性的問題，應該怎樣去解決？不必說西洋的教育，中國一般教育家連偏畸的男性的教育，還是「東補西俎」、「冰炭同爐」，哪裡還能想得起，觀察得到，兩性的教育上。對社會上主張禮的學校中整飭禮教，兩性教育，只好做我們的口頭禪罷了。

　　凡一樁事務，一個思想，能按著科學的條理就著人性的本能去視察他，這是自然中的要圖。可見絕不是熱空氣的文章和口頭的言論，所可比擬的。

　　兩性的教育，是怎樣大的問題，在中國這等關閉古老的社會和教育中，正是一付興奮劑，可惜尚沒人去理他，我現在不揣冒昧，將這個問題，稍微來詮解詮解，雖是學力有限所說的未必盡當，然而我卻願意做引玉的磚石啊！

　　以下分著幾條所說的都大半是從童年敘說，因為一個人當在二十歲以下的時期，正是要求教育的時間，也正是發現性的神祕的時間。換句話說：可說在這十數年中，是個最要緊的時代，也是最危險的時代。所以本篇的立論引證也是以此為限，至於年歲長大，已不在教育年限的時期，那末性的教育自然也沒甚關係。

由科學和應用上觀察兩性教育的必要

　　中國曹植有句詩是：「本是同根生」，我說這句話，可以作為性的Sexual 根本解釋。原來所說「男」、「女」的兩個名詞，所以能夠成立，無非因為人類有雌雄的分別，其實男啊，女啊，在生物學上說起來，是為複性與單性相對待的，無論是男是女，皆不是純粹的男女，不過是男女兩性的混合體。男女的區別，不但是在生殖器官上，有所差異，而根本上的差異，都存在構成身體的細胞裡頭。因為混合性中的一性，特別發達而起的緣故，其特別發達的，是為現在性，其不發達的一性，是為潛伏性。這種定理，在生物學上，早已發見。然而男女究竟還是有異性的原因，這種狀態，可以說他是異性的潛伏。所以照平常說，稱為男子的，其機體中有潛伏的女性；稱為女子的，其機體中有潛伏的男性，由此可以見得出，在人類進化的道路上，曾經過雌雄同體的證據。照這等說法，可謂人類的男女兩性，最初是由一性而來，所以原始動物，多是雌雄同體，或者是單性。及至後來，漸漸進化，就有了男女的分別，於是便有了兩性的關係。

性本是同根，後來變成異性，每個異性中，又互含著其他一性的潛性，那麼為什麼人看到性的問題，就往往和潰決禮教的堤防相連及，這是過於憂慮，沒有相當的兩性教育罷了。

在現在去理解去考察兩性的事實，實是有點困難，及於由成年人兩性的現相中，用著科學的考究，知道以前不知研究的弊端。而在兩性中罪孽的神祕觀念，Mystical Idea 和惡的性質，都被自然科學，完完全全發現出來。就是兩性的機會，和行動的盲目危險，也都是兩性的根本問題。然而若要免除或改良這些事，是全仗著智識的克服，所以在兩性問題中第一個要求是在兩性的領域裡，去洞察、明白、學習關於這種智識的原因和結果，並將這種智識，接續著傳到第二代裡。Next Generation 因為人類智慧的增進，履行這種事，也甚容易，只要教育得宜罷了。所以兩性的教育是在普通教授法中的一重要部分。

青年的性質，最好去觀察自然物，如動物咧、植物咧、石塊咧，他們在現在已經得了很多的這種教導。但是直到如今我們卻拒絕他們知道他自身的權利，並身體上最具重要作用的權利知識，這是為什麼呢？現在青年，必要知學習在寬大的範圍中去注意他自己，這是一個很神聖自然的權利去得到情性的智識。

由此觀察，便見得在科學上和應用上，兩性的教育，有怎樣重大的關係。

兩性教育的略史與青年之兩性的發展

在百年以前所最被稱讚的教授法，為盧梭、薩資曼（Salzmann）、巴都（Basedow）、約翰‧包爾（Jeon Paul）這些人，他們能以表示出對於青年最早的兩性的開發，於是研究發明了好多有價值的法子，能以使受教育

的非常愉快。不過他們的觀察，究竟還不十分完全，留下了些缺憾。及至最近世，有些人越發見出不講兩性教育的弊害來，於是便和兒童母親的職務相聯合起來，和這種賣淫的事業去戰爭，並且去防禦這些花柳病（venereal diseases）。在這樣覺悟的範圍，日漸寬廣，在文學方面中，也引起人的多少注意，在醫學家（Physicians），教授者（Pedagogues），衛生家（Hygienists）都因此事，作了婦人的權利辯護者了。因為若不將兩性的教育，應行如何開展，如何給他注入，只知盲目摸索，守著老舊法子，那末便將這種重大問題，更成了危險的性質了。但是因為真理的緣故，這種問題，漸漸可以得了勝利，所以兩性教育的基礎，也立在我們性的生活上面，將來日益發展，實是可珍貴可喜慰的事。然而設施的法子，有什麼要言可以包涵無遺，不過是智識與意志的力量。所以在兩性的自然教授口中大概說起，不過有兩部分，即一是兩性的開發，一是意志的教育（Sexual enlightenment and the education of the all）。

　　兩性開發的必要，在現今已經為高瞻遠矚的教師、衛生家所認定了。不過他們意見不同的地方只是時期和方法兩種問題罷了。有些人說是：關於這樣兩性的開發，是愈早愈好，以兒童經營學校生活第一年起，延長到春情發動期，或者更晚些，然而既然說到青年兩性開發的關係卻有一個極可注目的事實，便是在都會和鄉村的兒童，不能沒此區別了。在小都會或是鄉村上，性慾的早熟，和發展，是沒有什麼大的危險，有時觀察，在較大的都市上兒童性慾的開發，也不至於如太早。雖然這樣，在都市無論哪一級的兒童，比著在鄉村中的低級兒，更要特別注意，這實是社會上的不幸。因為兩性情形接近的比較早些，所以這是必要不可或免的。在大都會中生活的兒童，當著十歲以後，就漸漸注意去得到兩性生活原理的萌蘖，我可以得出很多聯合的要點來，比平常空想是不同的。

而且，兒童在幼年時自然愛情的發生，是自然而然的變化，不可以強相防阻的。雖說當著童年時代，對於性慾，不能有充分的了解，也不是如成人對於戀愛，有一樣的觀念，但必要於此期間，去因勢利導，使其性慾能以向高潔純粹處發達。那末自然危險便去掉，而真誠可得，因為兒童既已發見這個戀愛的關係，若不能使其思想能純潔，或使其明白了解其結果便因煩悶，而成了不學識，而浮薄狂亂的思想也隨之而起，到那時再想去救正，可已很不容易的。Maria Lischnewska 她曾敘說兒童靈魂的心理上的進行，是非常活潑。

　　在一部分裡，按照她的視察，宛如一個教員的視察一樣的透澈。她去批評一些的故事去說給兒童，卻不能使他們信服，因為兒童天然有多問的心理，所以他們常常會對於任何事務起一種疑問。因此，疑問便發見了許多新智識。況且性慾，是人人切身的重要的問題，就算兒童未能完全了解，然而要求這種智識的解答都是兒童天然的權利。因為兒童在許多原因中，要去批評成人的教訓，用慧眼的邏輯，譬如下面引一個例證來，巴辟塗（Pepito）是一個七歲的小孩，問他母親道：「媽呀！告訴我孩子是如何來的？」（Tell me mama, how do children come?）他母親道：「是人買了來的。」（People buy them.）巴辟塗卻道：「我不信是人買的，」（I don't beileve people buy them.）「因為窮苦的人也有許多小孩。」（Because poor people have the most.）這樣有趣的問答，實是兒童求知心的表現，那末兒童在此時期中，不但有認識的力量而批判力量也已有了。自然關於性慾的疑問，是不能常常關得住的。

　　有許多兒童在十歲到十二歲的年紀，已經微微習知關於兩性的情形，不過沒有得到真的智識罷了。他已經獲得可以得的淫蕩表現的言辭，且是每每去唱那種淫猥的歌調，這種事情是 Maria 在一個十二歲的女孩子身上

發見的一個實例。其實這種早熟兒童的事實，無論是男兒是女孩，在十數歲時，常常由他們的心靈裡，能夠發見兩性自然的神祕 —— 愛戀 —— 男女的關係。所以小兒女茫無智識的自然愛情確是人間最可寶貴的就如著露的花蕊，映日的朝霞，實是最清高最純潔的，也可以說是真的根源美的表現善的發祥的根據。若能將他們□□□□潔的性慾（原稿字跡模糊），去指明，去發展，則其效果，必是非常圓滿。因為人性前進的自然，若非把他拘防收閉起來，和中國古時的教訓，「七年男女不同席，不同食」，又「男女不同坐，不同椸枷，不同巾櫛，不親授」，這種界以鴻溝的辦法，「蚤其別，養其廉恥」的，這樣禮教的桎梏，應該人人皆束身如玉，貞潔自守。然而春秋距三代不遠，怎麼「有女懷春，吉士誘之」，以及「愛而不見，搔首踟躕」桑中，鶉奔之詩，不少概見，這不是青年性慾的開發，絕不是禮教所能防範的了嗎？只有改良兩性的教育，方可以達到兩性完善的地步。

兩性開發教授的注意

按照以上所說：兩性開發，必要借重於教育，那末在家庭和學校，對於兒童這點，應負有若何大的責任？所以於教授上不可不有注意的地方，方可以使兒童得到真的性慾的知識？兒童從十歲以後，在學校裡，絕沒有什麼不幸的危險，只要被他們的父母和教師，能以時常留心他們兩性開發的情形，便能以避去危險了！但是最好的教訓，必要能以去解剖個性，無論是哪種人的性質，並且必要經過普通的陶冶，如自然科學的智識，尤為要緊。又如醫學上的教訓等等，而在哲學上和病理學上，亦當任開發性慾的責任的，都不能不去研究研究。

然而性慾中，也不能說沒有真的危險存在，如弗雷達（Freud）曾指出淫蕩與偽貞混合，這是人類中通行的兩性問題的注意，因為人多不能完全

了解在人性活動中原因與效果的連合的關係，所以往往有因此有倒果為因，或倒因為果的謬誤。

關於兩性開發，已經有了許多法子，我於這裡，可以引用幾個有名的特別提議，來供大家研究，為 Realschule 的大學教授散瑪達（Sigmund）和 Volksschule 的教員 Maria Lischnewska 與大學教授佛司臺爾（F. W. Förster）這幾個人的言論來作個參考。

散瑪達說在 Volksschule 初等學校裡兒童，至大不過是十一歲的年紀，他們對於兩性的情形，尚沒有系統的表見，而在 Gymnasium 高等小學校的時候，他的教授的計畫，共有六種而最關重要者即第六項：

兒童的父母，當然要注意兩性教授的性質，教訓了兒女，同時就叫他們實行這種教訓，又要與學校的情形互相聯絡。

總之散瑪達的教授法，是主張兒童兩性的開發教授是宜開始在十三歲以後，按著兒童的年齡程度，輸入以動植物和人體解剖學衛生學的知識。一則可以使明了性慾發生的科學知識，一則可以由此諸學科中，使其對於性慾有正當的見解。

Maria Lischnewska 他是主張在初等學校裡第三級，便去預備教授──當這時兒童，是到了八歲的年齡──去給他輸入一些自然科學的情緒。更有根本的利用，是兩性開發的第一要義，即是在植物的授胎作用的例證，就如魚啊，鳥啊的辨識，一班的效力。兒童對教師，每每有一種疑問，是「小孩子從那裡來的呢？」（Where do little children come?）這種問題，是要解答，就如下所引證是（以下一段譯 Maria 的原文）：

「小孩子在他的母親身上的時候，她呼吸，小孩也能呼吸，她飲食，小孩也去吸收他的食物，這樣是很溫暖而安逸的。於是漸漸長大了，便能活動起來，有時他臥著曲動，因為這是他的小房子，但是做母親的，覺得

他能動了，便異常喜慰，趕著去預備孩子的衣服和床具，後來便生產下來，母親的身子分娩，小孩子便出來了。這時母親便抱在臂上，很喜歡的給孩子吃乳，給他些滋養分，」教師說到這裡，稍微停歇，又繼續說道：「現在你們願意看見這個小孩嗎？」於是便自然有許多聲音道：「是的，是的。」教師便示給這班學生一張圖畫，就是解剖學的圖解。是很美麗的式樣，母親的腹部，是向著後面，小孩是微微的睡著。教師又說道：「你們母親的身體，也是這樣的睡著，在全世界，沒有一個人，不是像你們這樣，附屬於你們母親的，因為這個所以你們要常常的親愛和敬重她啊。」

如上便是兒童所要求的智識滿足，他是在隱祕處，能以覺悟出來，他能以在生命的隱祕處發展敬愛的感情。

在學校的第四年，便須授與以魚鳥草木等這種自然物的辨識，在第五年第六年可以將兩性在哺乳中的表解說明，舉一些胚胎學（Embryology）的關係。然後他們 —— 這時正在十三歲，或十四歲的時候 —— 將要自己注意到兩性生活的發現，與花柳病的關係。於此可以告知他們衛生學和自身的要緊關係，有些醫學家如 Oker Blome 和 Dr. Agnes Hacker 以為教育上注意的要點，是不可待至春情發動期的時候。

Maria Lischnewsha 是主張早早便須作性慾開發的教授。從小學時代，使其能明瞭情慾生活根本觀念，年歲少長，便可漸漸知道人身與衛生學有何關係，那末由自然學識陶冶出來，不但增進知識且能養成純潔的品性而無意識的兩性冒險的思想自可洗滌淨盡。

再說佛斯臺爾他是主張兩性開發的延引期直到十二十三的年齡，方可以發見，即在發育最早的兒童，不能信徒虛空的說詞。佛司臺爾的原文大意是：無論是什麼極細微的事，在成人是極容易明白的，而兒童是不能了解。所以當兒童在十二歲的時候，就可以告訴給他，他所渴求欲知的那些事物，凡是男童或女孩，他們是很願意關於一件事物的了解往往突說出一

個字兩個字來，然而卻沒有充分的知識的，所以這種天地自然之祕終究是不能不與之說知且終不能為他所發見。

佛司臺爾於此卻下一個最有力的勸告，主張兩性開發是要同在動物植物的進行知識上互相聯合。因為這個理由，便可以知人類與動植物的生活，是非常接近。而人類的高尚思想（Sacred Thought）究竟比著動物，是高出的，所以佛司臺爾在此卻舉出一個極美麗有趣的例證來作教授的方法，用著十二歲年齡兒童兩性開發的問題。

有一論點，不論在人與動物中有什麼區別的情況，最早的教育，在兒童已到十齡的時期，那末教他以自然的歷史然須注意到動植物的情形。於是漸漸到了十四歲，而居最重要點的花柳病，他們在表現（Explaixed）、包涵（Including）、結局（Finally）中，能有明確的觀察，以後便可從此明瞭。在春情發動期中危險的年齡，便立固了根本，而兩性有系統的開發也可以繼續下去。這樣有益的知識領域是不能常常去補償的（因為年齡已過，沒有相當的知識，便將性慾變成危險的事實）。

這三個學者的意見由上面看來，對於兩性教授的年齡，次序，理論，效果，已可得個概略的觀念，中國有熱心具改革性慾教育問題的人，我很希望他們騰出一小部分功夫對於這種教授法子，去精密正確的研究研究。

▶ 品性與意志教育的訓練

上面所說，教授法對於兩性開發，應行注意之點，但是講究到完全的訓練，我在這一段內，卻要從綱要處提示出來。

兩性的開發，除卻品性和意志的教育，去相附進行外，可以說是毫無效果。在學校裡的青年學生，他們的思想夢境，是太多了，不過作用較小罷了。現在去教育這些學生，談何容易，一面去教授他們，一面又須

去注意他們的健康，去視察他們良好的食物，和安適的睡眠。這雖是學校中應負的責任，然而卻往往不注意到他們每一個的個性（Individuality）的緊要，和精力（Energy）的溶解，所以體操場不是僅僅去鍛鍊學生身體的，而且也要去發鍛鍊心意的，尤要使身心調諧（Harmony）不可偏重，不過現在學校多半不知從這裡注重便遭誤了多少青年。其實這種罪惡，不是青年自己應負的啊！身體的鍛鍊，以競技與戶外遊戲，便可達到，而心的鍛鍊，唯一的好法子，就是意志，這種原理的鵠的，應用到品性上，要以學生的自治克己的習慣去養成，而於此中，便可涵有得到兩性問題的解決法子。要而言之，兩性教授的原理，不外退避第一次機會（First Opportunity）和第一次接觸（First Contact）保持著青年男女一切成人奮發的喜悅和愉快的距離。

如痕司微吉耐兒和佛司臺爾他們主張道德的統計，Moral Statistics 不是以犯罪與醫學上預防的限度，在情緒的罪惡和放逸上，能以去定文明與道德進步的標準，但要全借重於改善和個性的強烈便可收到良好效果。因一般所說道德罪惡，是朦朧晦暗，若不從根本上去改良，那末人性原無善惡可分 —— 這是我的主張 —— 染蒼則蒼，染黃則黃，東不扶西便倒，這是誰的責任？關於兩性的問題，不想從教育上去開發，偏要從陳死的禮教上去維持，可不是「緣木求魚反有後災」呢！

都拉畢資（Drobisch）在他所作的道德統計（Moral Statistics）中，曾區分出許多家庭的情況，都是與兩性教育有關係的。在現在欲去救正改良這種教育，全要以精神學上和醫學上的力量，所以訓練（Discipline）工作（Work）禁絕（Abstinence）以身體的衛生去陶冶這種品性的心意，也是兩性教授中要緊的原則。

品性意志能以輔助知識所不及，去使性慾得正當的開發，免除青年危險的情況，所以這種教育是與上一段所說的「並行不悖」。

兩性教育的四問題

兩性教育和兩性開發的問題，在現在社會上，已經占有極有興趣的地位，將來文明人民，對於兩性的關係，必有改善和矯正的希望。一九〇七年在 Leipzig 的社會協會中，關於花柳病預防會有詳密的討論，而尤注意於下列四個要點：

1. 在家庭和學校中，兩性的教訓。
2. 在春情發動期中，青年兩性的開發。
3. 教師與父母的兩性教訓。
4. 兩性的飲食法與教育。

如能將這四個問題，得以完全精密去研究好，那末對於兩性開發的教育，可以說更無遺憾，我希望盡力文化運動的，不可不於這個兩性教育的重要問題去著眼。

我上面拉雜所敘，對於這個問題，少許貢獻，自知不能十分完善，但試視察中國的學校，家庭，社會，對於兩性開發上，都持了一付危險思想的主見，恐怕禮教墜地，男女無別，這等謬誤，是不用說的。盡力文化運動的人，說他們頑固，思想錮閉，是無用的，不如根本上從教育上詳晰說明兩性教育的必要，可以減少他們的反對。至於兩性教育，在中國應該取哪種法子，怎樣去施行，要詳明的辦法，非這小篇幅，所能載的。我只有希望大家去研究討論，那末我這篇文字，或可作一個先聲。

語體文歐化的商榷

中國的文學思想，與達出思想的工具，都已經到了一個完全改革的時期。文學的內在生命 —— 即文學的思想；誠然不能仍讓陳腐的、濫套的觀念去作骨子，即外面的形式（Form）也不宜用舊式的描寫與敘述，來誤了新文學的風調與趣味。這不是一種矜奇的主張，因為舊文體的鬆懈，平凡，俗劣，不能夠來敘述與描寫的能事，所以雁冰振鐸二君的提議（見小說月報第五號）使我有最大量的同情的贊成。他們所主張要「不離一般人的程度太遠」的改革語體文的辦法，我也認為必要。記得傅孟真君，前曾為此問題，作了篇長論文，只是大家似乎都不十分了解這種文體的改革法，其實改革語體文，不但於文學上有優美的進步，即於非文學的文字，也能有相當的效力。不過我以為要盡量作歐化的文字，今日研究文學的人卻不可不先擔負這個任務。

生命的新微光

夏日的南風，催熟了無量數的果子，才幾日漫天飛舞的柳絮，已變成凝碧而流動的水上的萍花。宇宙中的生命，果然是循環的，不盡的，創造的，向著光與愛的路中，依無窮期的旅行。

小鳥兒啼倦了，用無力的羽翼，傍著牠的雛兒，靜靜地石柳葉陰中，沒得言語。

水邊的慈菇，嫩綠的三尖葉上，浮著輕黃的微光，迎著和風，慢慢的搖動。它那靜微的，沉默的表象，是代表出一個「具體而微」的宇宙之生命的畫圖。

生命在哪裡？沒有踏在連日細雨的泥淖裡？沒有失落在水池的石罅裡？唉！我熱烈的，渴望的尋求之心，待從那裡找出？綠痕斜鋪的山坡上：幾個白衣短裝的童子，在前跳著，三四個蓬髮藍裙的女孩，扶著小叢樹的根？審慎而自然的笑，在後面走。山坡的上面：一叢黃色的無名之花，卻奪了他們活潑的目光，他們互笑著，扶著……雨後溼氣籠住的山頭，添了一陣爛漫的笑語。—— 一段出遊的事實。

我立在下邊：凝望著，深沈的想：當前的景物，至於失了我的心神！我是生命的過求者，而他的輕耀的新微光，已經浮現在我的心頭！

「那裡的夜，似是已經堆起在山邊下，去等候新的微笑。」梅特林克是這樣說：生命的新微光，是在何處？我想牢牢的捉住他，永不能失了他，永不能使他迷了路！

第一義務

　　我們沒工夫去作歡樂的絃歌；我們也沒心緒去作呻吟的悲哭。火燃在人們的足下；風雨吹打了破漏而不完的茅屋，在這種驚惶而慘淡與清淒的時候，我們將向何方躲去；雖則我們已同失林間之巢的小鳥。

　　「我心歸來呀！」更有甚麼可安放地？琴韻不流了；花枝不舞了，僵石的人間，更怎樣去安放我們的歸來之心？冷荒的印象，滿布了沙漠的大地，只有飢餓與哭聲破此蕭索，蕭索呵！歸來之心，又能有歡樂的愉情；與悲哭的勇力？

　　一任風雨吹打；一任烈火的毒燒；一任著飢餓與哭聲來破此蕭索，羞恥呀！我們的怯愚者！

　　我於是高歌；──且盡我之力的歌伍資伍司（Wordsworth）之詩曰：

　　第一義務，懸於遙空，明如眾星。
　　唯仁愛兮，是能安慰；清潔，與祝福；
　　其散於人之足下，乃如萬花。

　　我們無遙空眾星之明；也無足下萬花之好，那末我們卻也終不能安為怯愚者。「仁愛」呵！是難於說明的；然而欲求達安慰，清潔，祝福的地步，以脫此風吹雨打的沉默中的蕭索，第一義務呵！我們願將歸來的心，如射箭般地投入。

生命與性質

我們都知道德國的狂天才哥德（Goethe）是何等樣的人，他的平生是神祕的與浪漫的，他博學多才無所不能，他不但在文學史中占有很重要的位置；他並且在哲學史中與生物學史中亦有其相當的成績。自然，他的文學的著作尤為人所歡迎。他的宇宙觀人生觀，及對於藝術上的見解，真足以獨抱群言之英，推倒同時的豪傑。他的名著《浮士德》（Urfaust）一書，足以震動世界的思潮。總之：他實是歷史上值得令人驚異的一個偉人。

哥德的平生與其著作的特色，近幾年來各雜誌上介紹的也不少，恕我不再在此多說。不過各雜誌上多從他的文藝方面的成就批評與介紹這個不羈之才的特點，說他是德國浪漫主義的創始者；說他為希臘之美的渴慕者；說他為靈肉衝突的代表者；說他為大宇宙的愛抱者。他的名著為《少年維特之煩惱》（Die Leiden des jungen Werthers），如他的《浮士德》，如他的偉大的詩，這些特點，都時時流溢於字裡行間。不過除開文藝方面，他可予人以最大的崇仰與驚異外，其零簡小冊，關於思想的擇揮發的，殊少人提及。我在此所以要論他的小冊子著作《生命與性質》的緣故亦在此。因越在這等隨意著作的小冊子中，更可看出他的天賦，他的對於人生的見解呢。

要知道哥德的性情，與其努力的方面，是多方面的。他對於人生處處用熱烈而經過嚴厲之經驗的反省，來作立足點。他蔑視蜉蝣式的人生。對於虛偽疏鬆的社會況狀，他哪能會滿足。「歸於自然」，那是他一生的目的。他將宇宙看作個有生命有活躍的生力的整體以人與自然密相吻合，絕無隔閡為標準。既然如此，他對於一般的虛浮及拘拘於得失利害的政治與社會現相，當然是棄之如遺了。在他的《浮士德》中有幾句是：

凡努力的人們，都可以得到我們的拯救的呵。

由此也可以見出他的主張之一斑了。

如今讓我來談談這本《生命與性質》吧。這本書還是哥德中年作的，字數並不多，像是隨意寫下來的筆記一般，並沒分開若干大部分。共有七篇，全是說人生一些整個的問題的。有的像些格言，很少長篇大論，然內中包括的真理，卻隨處可見。如第一篇中有幾句是：

「真理之發，即在一個人知道怎樣找到並且評量在每件事物的善裡，可以收真理之愛，指示出來。」又如：

「人在老年，其所作者，較其少年時尤為加多。」這是哥德努力的表現主張之一。

「讀須欲其解，著作須欲其知，信仰須欲其豁然貫通；當汝願望一物時，汝收取之，至汝需用時汝則劫取，至汝已經驗過，汝又恆願而之他。」

「除去使我們在一切現象的密接中有信仰外，理論在其本身，絕無用處。」又有一條最有深遠之趣味的。

「偉大的之理想，當其第一次出現時最有勢力，故冒險可生機會，而遠過於在非冒險中者。」

此幾條固是我擇尤寫出者，但類此等語句，不可勝書，由此可見此小冊子之體裁與其風格了。自然他不是按諸科學研究的哲學論文。然就此零星之說中，足以找出哥德的人格的寄託及其對於生命的批評態度來。

總之這本小書可以有欣賞與研究哥德零星思想之表現的價值的，是可以由此窺見哥德的哲學的片段的。

此書為 Appeal Published Company 出版的袖珍小叢書的第二百十二冊。

雜記二則

之一

作詩到底是完全的自我表現好？還是不帶一些文藝上的貴族性好？這是近來作詩者與評詩者一個爭執的問題。我以為這不過是個人主觀的謬誤。為藝術的藝術，與為人生的藝術，我至終不承認兩者能有界線分明的劃線與其定則。譬如托爾斯泰之作《何為藝術》（*What is Art*），雖是以平民藝術為藝術的極則，但他在那時的環境與見聞，及其感覺到的領域之內，如此主張，未嘗是不對。也如同在今日的中國，一些人提倡自然主義的文學，更何曾是要將文學定於一等之下，不許有異統發生與傳播的餘地。這也是為一時環境的救濟與超升起見罷了。然而也不能說除了實用，便抹倒一切的文學作品。必先有此 —— 至少有此點的明解之處，方可以研究文學。

詩，在新體詩初興之始，大家都努力做寫實的無韻詩，信從赤裸裸的教義，然經過兩三年的試驗，各人努力的結果，卻也不是始從前那樣群趨一致了。於是便有以上兩個問題討論的發端。我相信兩者俱有理由，俱為詩的形成不可缺的要素；不過但看如何說法。中國人論理的觀念，原不清楚，本來是有利無弊的話，而經過一般思想籠統的中國人的傳會就易生謬解了。

話雖如此說；而中國人對於文學的吸收性，向來被傳統思想束縛得牢牢的，雖曰解放，但大多數卻不從真正解放中去研究，所以嚴格說起來，勿論那樣學問，都是中國人誤了主義；卻不是⋯⋯主義誤了中國人。

我近中讀《仇池筆記》，偶然看到一則，是：「讀魯直詩，如見魯仲

連，李太白不敢復論鄙事。雖若不入用，不無補於世也。」我以為這幾句話極為公平，雖然不是正式的文學批評。論鄙事無礙其為好詩；即無補於世也無礙其為好，詩，單看作品自身的價值罷了。但這等話說來頗長，一些太過重主觀與拗執的主張者，不知以此語為然否？

我只是看到這幾句話隨手寫下來的雜記而已。

之二

曾前許多人，以那些紅紅綠綠的雜誌，稱之為鴛鴦式，蝴蝶派的東西，雖是不屑的說法；然而就他們下的字義上看來，至少那些東西，還值得當「彩色斑斕」的玩具看待，其中儘是草包，但還有那個鴛鴦蝴蝶的空殼。誠然如此說來，似乎是一樁可笑的事。

不過這等已消沉的雜誌，現在竟復生了，且更為壯健而興旺。一般人的攻評，鄙棄，都是毫無效力，閱者，出版者，皆是日見其多，不見其少。

到底中國人的惰性，究不過如此，我們更有何等說法。

宋人羅大經在他的一則論文章的短記中說：「巧女之刺繡，雖精妙絢爛，才可入目，初無補於實用，後世之文似之。」可憐現在那些紅紅綠綠的雜誌，還是巧女的作品嗎？還是精妙絢爛嗎？不實用是更不成問題了。它們已經將它們以前勉強還可被人稱為鴛鴦，蝴蝶字等代名詞的「絢爛」二個字，也配不上。誰還知道是些甚麼呢！

古老民族就是這等以退為進嗎？「此雖小道」，然不能不讓人默然沉想到無量數的事實上去。

將來的創造 —— 創造「新中國大學」的原動力

In youth she was all glory, a new Tyre,

Her very by-word sprung from victory,

The "Planter of the Lion," which through fire

And blood she bore o'er subject earth and sea.

這段詩是英國詩人拜倫（George Gordon, Lord Byron）的 Childe Harold 詩中的一節之首段。這首長詩是拜倫旅行義大利時由威尼司南去到羅馬時作的。他是個熱情詩人，當他在義大利時感慨憑弔古希臘的精神作詩頗多，此詩居其一。其中 Tyre 是非尼西亞（Phoenicia）的首都，是極重要的名地。此一段意義是盛揚此地曾由血戰中而得到勝利的。至於詳解，恕不贅及，我且取來，做我這篇短文的一個暗喻的引言吧。

「創造」的勢力，我們試一冥想可得。而且任何事業及希望，沒有不是從「衝動」中來的，二者相合，乃能使社會日有進步，而文明的發展，遂可展拓延伸至無窮期。我在此處不是來索引羅素的哲學問題，但世界上若干的事物何曾不由此中得到一層一層的結果。

我所以要對於中國大學有所建議而用此「將來的創造」的亦即此意。

中大的歷史及奮鬥的經過，不唯在校的同仁皆所深悉；即社會上也都很明瞭。中大在今日，固然因經濟上不甚容易，遂致進行及拓展的步驟每易見遲緩，這是無容諱言的。實在以無產者的生活，然以維持著日日的衣食已非易事，況一面須時時與切己的生活相搏戰，一方又要謀企精神上的較量的容納與消化，那不能不說是困難的事。不過平心而論中大在這十年之中，日日與生活搏鬥，日日又使其精神上吸納增長，雖不能說已達到心

廣體胖的狀態，卻也不至是委弱病夫的地位。其中學生的卓苦的心力，職教員的兢兢業業的苦心，這的確是不可埋沒的。我們見一個能刻苦自立且與生活奮鬥而終獲成功的人，對於他總有相當的敬視，中大的狀況，也何嘗不與此等個人相似。

　　不過這並不是可以私相慶幸的。一個個人集合而擴大的法團與個人正是一樣，若因此便佻然自滿，不想更周密更迅奮的前進的途術，則所謂永久不息的創造，豈不等於空談。在此中大十週紀念日中試一回念創始時的艱難，中經的飄搖，則對於將來，正可趁此良時亟籌付突飛猛進之策 ── 實在這不止為一校爭此光榮，刻下國內要求於大學人才，尤為重要，而且近數年學術的研究與其應用，尤為使中國社會急遽進化的唯一工具。那麼對於將來能藉永久不止的創造力由此日始更創出面目一新的中國大學來，這個重責，不是校內職教員學生應該注目齊心共同負擔的嗎？

　　中大將來應改革而籌劃之事甚多，而且也有許多人討論了。我在以下劃出一部分的範圍來，以供大家商榷。

　　這一部分的範圍分二種：

　　甲　關於學科方面的。

　　乙　關於陶冶方面的。

（甲）關於學科方面的

大學內的學科編制極為困難，在私立大學本來盡可有自由設施的能力，但一志及此，在在與經濟的能力攸關，因學校舍，教員，二者都與學科編上發生密切的關係。中大的財力不是充裕，自然對於擴充校舍及聘請學者的教授，大感不便。不過這究竟是另一問題，不能因此便將學科制的重要問題，置諸不論，因無論作何事務，標準是不可不定的，取法乎上，僅得乎中，只要本身的問題能由更完善的理想，計畫周至，那麼，即因有連帶的關係，不能盡量發展；盡可有部分發展的可能。即不能為更擴大的組織，而較小的組織，亦未必便不能達到。只是看預定的標準作去，多少總可不至背道而馳。我想學科的編制，就目前的需要與方法上說去，中大的學科的配置實有許多令人難滿意的地方。就是太偏重形式，太過重規則的緣故。譬如從前凡大學皆用文理工商農醫等專門學科分科。本來這是應該的 —— 自然因為大學是專門學術的研究所，不能不取分工的辦法。不過以現在新科學的發展，及對於各種科學的相互關連觀察起來，取絕對的分科，的確是呆板而不適於實用的。現在有種普通的現象，大學內的學生太專門了，大都為分科制所劃定了。甚至理科學生可以文字不通，法科學生少有能讀外國文書者，即同在一科之內例如文科在國文系者不知哲學的大意，在外國文學系者，不知中國的概略，這並非我的苛論，實是一般的情形。各科在可能的範圍內，實有互相學習的必要，況社會科學 Social Science 的發明與應用尤貴有涵容化合的作用，絕對不是知一不知二的死學問所可收效。所以中大此後直截可以將形式上的各科取消，另行改組。分成幾部，就現在論是有文，法，商三科，然依我的意見改組後可列表於下：

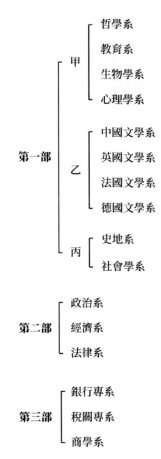

（此表並不算完全，但為中大的需要及經濟上的狀況起見，故其餘學科從略。）

　　這三個表固然不是極詳細的，而且也過於新奇些，但現在研究哲學的人往往將與哲學有關之學科，盡量取納，心理，論理，宗教，生物學等通通在極短促的四年之內，學習完，其實徒有其名。我們要知哲學固然可以將以上所說各學科全包在內，但內中如宗教學，心理學，生物學等在近代已成為獨立學科，各大學內皆應設專門研究方有深造。因此諸門中，其分類的繁多，與細密非單獨研究，絕不能有何用處。所以以後可酌量單獨分設此數的專門科。至於哲學卻仍然無妨獨立著。可以使在此科的學生，研究哲學的大要與趨勢及其歷史等。其第一部的乙類皆為文學類故另在

一類。至丙類史地系與社會學系相連者，因然社會學與哲學等有極大關係 —— 與心理學亦然，但我以為與歷史地理二類，學問尤有關連，故置於一類之內。至第二部全係政法經濟可仍如舊。至三部商科，我以為商業最主要的學問，莫過於銀行及關稅，甚至各國亦有此二者的專門學校；所以無妨獨立成科，以便養成專門職務上的人材，至普通商學科，期得商學常識，如第一部內之哲學系的存在，用意相同。

至於將來如添設理工諸科，亦可酌量此表加以分配。不過這不過是種大概的分劃。至學生的研究程序。此後行新學制大學不設預科，則學生入校應考何部，自然先有預告。入校後至於入何系，除必修的單位以外，至少有校內規定選修科目 —— 不可太少 —— 使之學習，知與其本系極有連鎖的各科大意，譬如入教育系者除其必修科外如哲學概論，哲學史，兒童心理學，比較心理學，實驗心理，宗教學大意，中國文學史，文學概論，等總須有五六種以上的修習，將此種單位加入必修科之單位內同算。又入英國文學系者，則中國文史，中國文字學，心理學大要，哲學史，歷史，及社會學大要等亦須如上的學習。除此之外第一部的學生可兼習第二部的政治原理及法學通論，經濟概論等。至第二三部的學生對於社會學，心理學，中國文學等，亦須略習概要；而第二部尤多要緊，如此改組，則學生功課；雖似稍形重累，但可少得各科 —— 尤其是與其自己所習的專科，概要不至連此常識缺乏。不過各系的分配，與選修的課目的選擇，確須經過一層極精密的考究，則規定以後庶不至名存實亡。

至其餘附帶應以討論者，當須舉出幾科重要學科，多設自由講座，取自由聽講制，長期講學者講演各專門學術的長期論文。每學期學生對於所聽的自由講演，須明定規則至少總有幾種明切的報告書。以便考察其研究的所得。於此尚有附帶問題，即學校的考試，應該廢除與否。我以為以現在學生的惰性及程度的關係，不唯不必將考試廢止，還須更要精嚴些。不

過照陳陳相因的刻板考試法，不唯不能得到絲毫的利益，反至弊端發生，損失學生自己的人格不少。此系可將刻板法的考試廢除，而代以教員在教室每月隨時的考問與每學期查驗筆記以及不定日的教學生作不可缺少的論文，考試的總數，即以此二種平時考驗加算，也不必分外高揚名榜 —— 這實是件無意義的舉動，現在京內各大學高師女高等早已廢除，中大不知為什麼還要用此無聊的形式 —— 止有檢查其不及格的學生單獨囑其補習，補習不好，然後降級。如此一來，可以減少學生的虛榮競爭心理（其實現在的大學生，恐怕有這等觀念，或因有此等虛榮觀念方去用功的也不多了）更可使學生用真實不願意研究的工夫。

其次與學科有關者，則外國文程度，不能不盡量提高。這是時代演進，必須的求學的一種工具。現在各大學之外國文程度，說來實是可憐，不能談話，尚其次要的問題，甚至於學生畢業後，即連一種外國文能直接看書的程度沒有。試想大家從中學 —— 至少的 —— 讀起外國文來，差不多十年之功，所得如此，豈不是白費光陰呢？固然，不能全是如此，然十分之七八確是如此呢。所以以後中大的無論何科總須盡量將外國文程度提高，學生卒業，至少要明通兩種外國文，不可如前者的敷衍，以免虛糜良光。再則法商諸科重在實習參觀，文哲諸系，重在講演討論，這些瑣事，恕我不一一列舉了。

▶ （乙）關於陶冶方面的

從前教育界尚規定某某種主義為學校教授及訓練上的準則，近幾年來知此等教條，不唯拘泥不適於用，而且徒託空言，也已廢掉了。不過在此時期中也不能不有相對的陶冶標準，而立下養成專才的途徑。中大向來對於此問題，似乎沒曾有明切的主張。我以為近來許多教育家所主張對於陶

冶一方面的，各人的教育等皆甚空泛與實際無當。況且在近時的中國的大學生，對於將來負有重大的責任與使命，智識的力求提高，是當然的，而人格教育，卻也不可不切實講求。我想最好能注意學生的高尚人格的養成，及其對於團體生活的訓練，固然不要拘守於某一種主義之下，但這一點普遍的陶冶，卻須想法使學生領悟並且實行。我姑且想到兩種：

1. 是校內作業。
2. 是校外的社會事業的參加。

這兩類事盡有實地試驗個人的生活與團體的生活的機會，至其詳細節目，可不必多說。

於此有一最重要的問題。即教職員在平日須與學生以人格教育的標榜與積極的提倡是。教職員在大學中，往往不如中小學校時與學生易生親密的感情。這固然是因為人數過多，而且在成年的學生，個性甚形發達的緣故。但必須要將大學的教職員與學生使之感性融洽，如在中小學校時，不唯辦不到，亦不可必。而大體上的為學生作準則，與其能以使學生有相當的信仰，則確為重要。過於散漫，過於紛浚，則學生陶冶的功用，一點也不能收效，反足為風潮激動的真因。這都是由於教職員方面不善於陶冶所致，是無容諱言的。以上我所陳之極淺顯而且簡單，而且中大近來也努力向這面作去，不過我想最好不必多陳空言，還須切實規劃，而定下陶冶的最要義。

這兩方面的根本改造，我認為是創造新中國大學的原動力。

「創造」的努力，究竟不可蔑視的，由「創造」中方可獲得光榮。我謹以此二語，作為中大十週紀念日的贈言。

此文作成後：適童君以我對於中國大學設科上的一個建議相示，其中主張，多有相同，且更為精當。閱者可參觀。

魯爾占領後的德國

日耳曼民族，究竟不可輕侮蔑視，不過他們以前深中了軍國主義萬死的毒力，遂致有歐戰後分崩窮亂的結果。但我們知道德國向來是不畏強禦的，向來是能忍辱負重的。領土的割讓，賠償的重量，若在他國，早已不克支持，而德國民族，一方在那裡竭力地整理內政；一方卻在國際中做不屈不撓亦剛亦柔的活動，這不能不使得我們佩服他們的魄力了！

法國近來所以力與為難的緣故，與其說是為了恢復世仇，不如說是因畏將來德國復興的心理，所以獨冒眾怒，力索償金，凡所以斷絕德國的經濟來源，與減少其民間的活動力，盡力為之。在今日世界中國際之關係，原沒有公理正義的可言，即便假面幕也不能帶了，唯一的只是利益及利害而已。今春法國居然因德國的到期償金不付，進兵占領魯爾（Rupr）。今雖經英、美出而作非正式的調處。但仍無效力。於此可見法國畏德的急遽情形，而內在的原因，則由於法國戰後疲敝，富源日少，不得不力奪德國的原料出產地，以資挹注。魯爾為德國西部第一富源地，內有萊因河，及魯爾河縱橫貫注，占德國全國富力的五分之一，而尤為法國所涎羨的，就是煤鐵的產額最多。（按：該地產煤額在一九一三年是 113,000,000 噸。未開放煤尚有 220,000,000,000 噸。黑煤貯藏量是 54,000,000,000 噸。）所以不與他國協商單獨行動。

至於魯爾占領後，德國此後對付的態度如何，此實為世界中最可注目的事。不過報紙及路透電所宣傳，類些模糊不確的報告，難以取信。但依我們的觀察有下列二點：

（一）德國藉此可以表明他們目前的經濟窘迫狀況，更將趁此良機，作國際的遠交近攻的活動。例如法國這等舉動，在英人看來，確是極端反對。英、法兩國經濟勢力上的衝突於今為烈，所以在這次會議中，英人往往有左袒德國的意思。法國既然勢窮力促，見迫強鄰，他們必定一方聯絡英國，或動以利害關係，破壞以前所定的協約，而反對法國的武力主義。而他一面更可聯合中歐新興的諸小國，以減輕法國的後援。而同時素為歐洲列強反對的紅俄，以民性國勢及地理上的關係，更可因此出而仗義執言，法相反對。現在這種空氣，已經造成了。

（二）德國既至山窮水盡的時候，馬克價一落千丈，經濟條亂，達於極點。即生活上的必需品，亦無能力購買，此外因原料產額日見減少，人民因從事多量的勞動，更少向外發展貿易的機會。即法國能始終貫徹其武力取償的主義，令德人完全屈服，不過德人究竟不是易於屈服的民族，況且內而共產團的活躍，外而英、法、俄的多數人民，不以法國這等舉動為然，德人亦必忍辱含垢，力求報復，國際紛糾，將永沒有能決的一日。我們看法占魯爾之後，德人雖說沒有充分的軍力，但並不取抵抗的手段，就可知他們另求其他更深沉的作用了。法國有名的報 *Cechi Slovak* 曾說：德國聯邦的分裂，須德國人自己努力再去恢復，這個意思，就德是說第一要注意的德國聯邦的機體組織是深植於德人的心意裡，德人須盡其內部的責任，以使之完成。所以我們以為德國的經濟窘迫不足慮法國以武力占領魯爾亦非因此便足以使法國一蹶不振。而最要緊的，是德國內部的團結與人民的振刷精神。德國 Prague 的 *Tribuna* 報，曾有一段極警切的文字，我譯在下面。由此我們可以能得德人心理的一般：

「許多人說法國政治分裂。……在這等表象下，這是實在無可諱言的，不過政治的病象（Political Symptom），常常是易致錯亂的。我們想到

更重要的事，如經濟的狀況及心理上的性質的病象，在每日的生活裡，總是要發露出的。一種重大的責任，現在對德國來了，就是她要查考到狡猾的外交術，……最後總結這種責任，德國人是必須忍負的。而也要考查到狡猾的負擔。但不知奮力去反抗 Entente，或是去力抗法國，卻只是去抵抗他們自己的國家 —— 聯邦自己的反對，此即為德國悲慘結局的原因。」

德國人深知國必自侮，而後人侮的話，雖在這等多難困苦的時候，仍然深謀遠慮說這等話，可見他們絕不是輕躁僨事的民族了。

那末魯爾占領後的德國的內情，也可由此加以推測了。

晨光社的經過及將來的希望

晨光社已有了年半的歷史，而卻沒有一次報告向閱者說明，這裡有兩種原因：

1. 本社人數不多事務較忙所以沒來及。
2. 本社對於介紹學術與社會事業方面自慚能力薄弱並沒有甚麼成績，所以也沒有回閱者報告的必要。

逝水般的流光，既將我們過去的時間消費去好多，而由過去的經驗中，我們對於社務及其進行的事，已有多少的改良的計畫；雖是就目前而論有已實現的，尚有正在籌劃中者，但我們集了若干的日子，幸而尚能將本社的精神維持得住；而且在將來的前途上，更似有發展可能的。有這種種原因，所以在本社所出之晨光的第一卷的末一號裡，要將本社的歷史，及對於將來的計畫，作一種概括的報告。

▷ A. 過去的歷史

中國自五四以後，一般青年都知道團體集合的重要，所以會社的創辦如雨後春筍，多至不可勝數。不過以向來缺乏團體訓練的中國人，做事是虎頭蛇尾，思想是西爪東麟，趁一時的興致，絕沒有堅強的繼續性，與能在預定的程序中，有詳細切實的計畫，所以一般青年所集合成的社團 —— 無論是哪一種類的 —— 經過試驗其結果多半是勃然而興忽然而亡。其實據我個人幾年來的經驗與觀察，他們所以有如此現象的原因，我可武斷一句是「非天然的淘汰乃人為的淘汰」。因為欲謀中國現在社會的改革，及文化的提高，此等青年所集合的團體，正不虞其多，不過多數是

犯了上述的幾種原因，遂致結果到了煙消火滅的地步。我以為大原因即是個人沒有強國的意志，缺乏團體的訓練，沒有真確的目的，因此種種，所以這等社會的人為的淘汰又焉能免掉。

我們的晨光社所以發起，老實說：在初時依我的觀察，也免不了犯了上述的幾種幾乎成為向例的弊端，在十年的十二月上旬時，有一天羅承烈、汪清渝二兄約我到一處談話。他們想發起一種雜誌，期集合約人做學術上的研究 —— 當初的目的實在只是如此 —— 並且他們將想著介紹幾人入社的名單給我看。我乃知他們是邀集了中大的教授及學生的一部分人共同作此事業。我當時很經過一番考慮。以為我們在現在無論組織哪一種的團體，或發表哪一種學術上的研究，都要有確定的標準與預定的計畫，不可貿然創始的。後來他們力勸我說：創辦這等雜誌的宗旨，是要提高國人思想，與發揚學術研究的精神，至將來的事業，此刻因漫無把握，還不容易一一說定，大凡作事情始簡畢巨，我們也絕不想發起這個團體，僅僅以出幾本雜誌為任務的。過了幾天，我也以為在實情上也的實如此，所以我也加入了。這樣的進行下去，在那飛雪嚴寒的殘冬中開過幾次預會，草定簡章，乃在十年十二月二十五日開了成立會。當時到會者有二十餘人。決定定名為晨光雜誌社，（在此處尚有一段小小的說明，就是當時我們提出了幾個雜誌名稱，至終所以講用晨光二字：乃是表明黎明的微光的意思，並且對於將來總有無限希望的意思。及至決定以後過了月餘，我們又曉得上海亦有一晨光，係一藝術的團體。但因報紙上沒有登載 —— 也或者我們不曾看見過的緣故，竟無意中相同了。不過我們並非有意相同，而且事實上已不易更改，再則我們這個雜誌所包括的範圍較廣；又有中大的晨光的幾字，可為標誌，經大家又商酌一過，認為無重行易名的必要，所以就用此二字。）其實那時只不過一個雜誌社而已；我將那所規定的簡章錄在下面，閱之便可瞭然。

1. 本社會定名為中國大學晨光雜誌社由本校一部分之教職員與學生組成之。

2. 本社以提高思想與研究改造現社會之方法及輸入可供研究之資料為宗旨。

3. 本社社員皆願負稿件上之義務。

4. 本社組織暫分三部。

   + 總務部，主管社中之經費庶務及交際諸事。
   + 編輯部，主管審定稿件與關於編輯上之一切事宜。
   + 發行處，主管印刷發行與廣告及交換書報等事。

5. 各部設正副主任各一人，由社員選出。每部設幹事四人由各部主任推定至各部事務之分配由各部自行規定，各部幹事與各部之正副主任負連帶責任。

6. 本社職員每年改選一次，於年終舉行。

7. 本社所發行之雜誌暫定每年共出五號即以五號為一卷。

8. 本社每兩月開常會一次，每年開大會一次，以決定社務進行之方法與報告社務之情形。

9. 凡本校同學及職員經四人以上之介紹於開常會時有出席社員過半數之通過後得為本社社員。

10. 本簡章如有不適之處得於開常會時修改之。

　　由此簡章上，便可知晨光社初發起的目的了。後來第一次選舉的結果，其各部職員如下：

總務部　正主任　汪清淪　副主任　蔡咸章
編輯部　正主任　高一涵　副主任　王統照
發行部　正主任　劉榮鄉　副主任　朱金淼

其後又將各部中推定了幾個負責的幹事，就算大致妥協了。

後來此簡章又經過修改，在第二次年會中將第五條改為各部設幹事只要二人負責辦理。其結果如下：

總務　丘咸　吳越

編輯　高一涵　王統照

發行　劉榮鄉　童蒙正

說到此處，則關於本社經濟方面，也可少說幾句。大略是第一號出版，幾乎完全由社員先行代墊，其後乃經全體決議，向本校職教員募月捐，以為永久維持的計算。其結果則每月可由認捐之教員薪水項下，撥到一百七十餘元，由本校會計處支領。其實這個數目，也時有出入，自然由於教員進退的關係，而約數卻在此左右了。每兩月出版一次，頁數在一百七八十頁，約需用印刷錢二百五六十元，如此扣除約還剩百元左右，而寄費及一切開銷，總須在內，此項報告及經手事完全由本社總務部管理，已有詳密報告分致各社員，此處不必多說。

以後乃於十一年四月十五號出版第一號《晨光》。初出版時以無很好稿件的關係，極不滿人意，而且我們自己看了，也以為缺點甚多。

第二號於同年八月出版，內容似稍好，但仍無大進。

第一二號的編輯，我也很慚愧的在此須聲明一句，我並沒有負甚麼責任。因當時本社公選我為編輯副主任，我一方面自知所事的忙繁；一方面又恐稿件上難對付，所以固辭幾次，而大家不允。高一涵先生又因教務及他事冗忙，不能將全付精神對付編輯的事，當第一號未出版時，我從實說我看沒有甚麼極多的好稿件，我很覺灰心！然日子既迫，得又無術可想，與高先生商議幾次，只得付印，於此我自慚是的！但自來編輯上的責任應負，亦須有可負的資料，否則徒責成編輯者一二人，任管如何是無法可

想。至第二號的編輯，正在伏假中，我回家去了，只寄了一點稿子來，及我再來京時，二號已印刷好，即出版了。

　　向來辦雜誌出版愆期，在中國幾乎成了慣例，但這種關係，由人才缺乏比經濟缺乏的原因尤大。不幸我們的晨光也陷入此同樣的苦境。合算起來：年半的光陰至少也須出到七號，然現在只出到一卷（共五號），雖然犯了稿件不易收集的弊病，而其實還不在此；就是因為去年三個月的暑假，社員離京者多，以致停擱了好多日子；其次就是第四號印刷時適值在陰曆年內，遲延有兩個月之久，所以打算起來，出到五號也不是說不過去，雖則內容不敢自詡以為完美。

　　晨光的發起，主意不為不善，但因稿件的困難，我們試從第一號打開來看，實在不免有淆亂雜湊的毛病，如在我們沒有特別表出為某種主義的宣傳；或單獨為哲學文學的專門研究雜誌。雖是其中的文章未必俱很精粹，而對於思想之貢獻的方面，亦或不無小補。因限於人才，限於時間在無可如何中尚能有此些微的貢獻，我們也要藉此自慰。自從第四號起我們細看去似是比以前好得多了；而且關於文學的材料亦當有些，這因為我們認為在此乾燥冷枯麻木無情的社會裡，新文學的力量，激動他們，感發他們，要比其他的東西容易有效力些的緣故。

　　以上大略將本社成立的經過及雜誌的情形報告過了，以下我們的計畫也要說說。

B. 將來的希望

晨光社的人數雖不很多，但結合的力量經過年半的試驗，卻比較得還可以維持下去。從前只想出一雜誌的計畫，現在卻想擴大而為出我的其他小冊子的計畫；從前原以介紹社員成立此雜社；今將預備改組為一較大而活動方面較多的團體，至於這兩方面刻尚未得一一見諸實行，但計畫卻已規定梗概。今分層略述如下：

對於將來的計畫，我們想分兩層說：

社務的改組

這個思想，雖即發源於本社成立以後的幾個月，但說因種種阻礙，以及內力不充實，故未曾提出。在今年四月中，我們看到社務漸次發達，雜誌的出版已可維持，所以決定想將原來規定的雜誌社，改組為晨光社，多介紹負責而有力量之會員，以為擴充的計畫。因為我們相信團體活動的力量比個人為強，團體的集思比個人為精密；一方又鑑於中國青年根本上沒曾經過團體生活的訓練，所以作事不免始勤終怠五分鐘熱度的遺訊，而近來青年所組合的團體，多是虛有其表，缺乏宗旨上的貫徹，缺乏精神上的團練，缺乏持久的毅力，有此種種原因，遂致有的易於消滅，有的空存其名。我們觀察中國現在的社會狀況，已由覺醒時期，幾乎重回到麻木沉醉的時期。優遊自適，甘心自放的狀態，又迴翔於青年的心底，這的確不能尤令我們為之疑惑不安！所以我們想藉此一點團結的力量，在這死氣沉沉的社會裡助一分力，我們使不能以獨出一份自己羞看的雜誌為滿意了。這個提議經過社員的幾番討論之後，已大致決定將晨光雜誌社改為晨光社，其出雜誌叢書小冊子是為社中一部分的任務，其他如農村運動，如合作事業，與一切能以傳播文化及應發民智的事業，本社同仁當盡力為之。不過改組的詳章尚未印出，此處只報告一個概略，其詳經二卷一號晨光出版

時，閱者當可看見了。總之，在改組中的本社，其宗旨則結合約志而從事的中國社會之改造的計畫與實行，而尤注重於農村運動合作的計畫及書報的傳播。其方法：則在相當的範圍，擴充本會的勢力在各處，使之易於補偏救弊，而先以刊行書報小冊子為傳播的工具。以後本社的社員，須認真能盡力為本社助力，以本社的活動，作其自身之活動。社員如以為宗旨不合，便可退社，且因此我們性是多介紹有力的社員，但無形中對於社員須有一種消極的制裁，即其行為有與本社相逆者，不能不請其出社。我們以為分子不純粹，則萬不能成為強固之結社體，又焉能發揮光大本社的精彩。其實我們所要求於本社社員者，也不過能履行本社的社章；能在可能的範圍內有本社盡力；能以堅固不拔的精神，研究學術，或經事於相當的事務，與有助成本社的義務而已。

至於詳細規約，容俟下號宣布。

叢書的計畫

這個計畫，即為本社改組後第一步的實現的事務。至其宗旨辦法等已有晨光社叢書簡章在後面披露出來，大家閱後即知，在此也不必列舉，這因為我們以為雜誌是零量研究的表現對於國人的思想上，只可片有斷的應發，不能作系統的介紹。所以有此計畫。至於叢書的內部，我們想分為二種：一種是專門研究一種學理，或一種重大問題的著作或譯述，一種是灌輸普通學說及簡易問題的智識於一般人，使之化有限之代價，可以得到些微正當的智識，這是我們要分為兩種的意思。後來開會討論決定後，即由社員票選左列五君為叢書委員會的委員。

高一涵　吳家鎮　余同甲　王統照　杜國庠

至叢書稿件包括上述兩種在審查中者已有五六種，在印刷中已有數種。（見封面後的預告）

　　至以後有何種書，臨時通告。

　　寫至此處，已將大概的情形及預定的計畫說過。本來晨光社發起時未免策劃的粗疏與宗旨的不甚明確。但經過如是的試驗已有改組的可能，所以我們就預定是這樣。但一切事都重在實行，在此更不必多說廢話，但看我們努力如何！

究竟還是玩視

　　我們現在看到報紙上的文學，還是依舊的混沌，無聊，亂雜，卻不能不使我們想到幾年來新文學的傳播與收穫都很為微末。如禮拜六派雜誌的復興，簡直不值得批評 —— 只有排擊，而各地方的大報紙上的附張，這本來是應該將文學的常識與趣味，提供於民眾的前面的，在西洋的大報紙這等好例子很多，就是附刊比較有通俗力量的文學作品，（但非上海的粗製的通俗文學）期使一般人都得著文學上的清新香氣的吸納。中國的報紙文學，在最早時代，還蒐集些詩古文辭筆記一類的文字登載，這些東西，雖不合於時代的需要，但在那時的主筆者，還比較是重視文學的觀念。自七八年前，所謂滑稽，遊戲，餘興，打油詩等等的東西，遂成了一般報紙上不可缺少的他們所說的文學品。於此我乃得了一譬喻，猶如舊戲在以前還講究板眼，派別，韻調，臺步等死規矩，現在呢就只有濟公活佛，梁武帝，狸貓換太子一類四不像的變戲法般的彩頭戲盛行了。今日各大報紙上的附張，何嘗不是這樣。

　　我們不敢希望他們能以研究如何高深的文學原理，有如何價值的創作，但等而下之，將真正的通俗文學一部分的工作，表現出以適應民眾的需要，卻是責無旁貸的。為什麼他們如此的怠惰不前進？

　　或者說他們為營業的關係，為職業化的關係，為社會上一般民眾不了解的關係，所以不得已而為之。我們就退讓一百步，將今日一般民眾看到極低處，但試問新聞記者是不是只是為賺得多少元的薪水，除此外沒有責任的？他們很明顯地負有指導社會的重責，難道民眾的程度低下就去竭力的迎合嗎？果使如此，那以上的話，都成廢話。

　　民眾對於文學興味的淺薄，賞鑑的程度低下，他們正應提醒，引導，使民眾漸漸地了解，而且得有文學趣味的涵養，而且藉此可以為改良社會的一部分的助力。

　　所以我有種種理由歸納他們的心理：不是不知，只是不為；不是沒有責任，只是不負責任。他們以遊戲視一切，以消遣視一切，因此中國的報紙文學，只是被些滑稽，餘興，打油詩等玷汙了。而其最大的主因，就是出於那些主筆先生們的玩視。

　　究竟還是玩視，這真正是中國報界的奇恥！

讀書日記

在此炎炎長夏中，哪裡還能讀書，況且我在家中，亦尚有許多事待作，更說不到讀些有系統的書。但我有時隨意讀幾本新舊書，或是將曾前閱過的書，取來重閱，心有所感，便隨手寫了下來，雖是很拉雜無序，也許有一點可資考證的，故此發表出來。不過文字既沒修飾，前後也沒有次序，只可作我的雜談看讀而已。

中國虛字的用法，太變化而無準則，古今語義及文法的變遷，已經有很大的不同，而一字數用，不唯虛實相反；抑且辭理顛倒，如高郵王氏以「以」字作五解：

1. 以，為也。詩瞻卬曰「天何以刺」，言天何為刺也。
2. 以猶謂也。昭公二十五年左傳曰公以告臧孫；臧孫以難，告郈孫；郈孫以可勸。言臧孫謂難，郈孫謂可也。
3. 以與也。書般庚曰爾忱不屬，唯胥以沈。儀禮鄉射禮曰主人以賓揖。
4. 以猶及也。易小畜九五曰富以其鄰，虞翻注曰以及也。
5. 以猶而也。書牧誓曰俾暴虐於百姓，以奸宄于商邑。

金勝曰天大雷雨以風，禮記樂記曰治世之人安以樂，亂世之音悲以怒。據王引之所釋的如此。我們如今用此字最多的即作用字解如又（以）疾辭，以遺相人（見歐陽脩文集）始朝廷以脅律取士（蘇軾〈遠景樓記〉），而以筆墨弛驚相高（陸游〈雪安集序〉）梵庚以其軍降（侯方域《寧南侯傳》），凡此等用法極多，與英文之前置詞 With 相仿。其他則作為承轉語而連合他字作為一種 Phrase 用者，亦極普通如「所以」、「遂以」之類不唯後人由習慣所養成之用字法，往往只知能運用自如此，

而審。其意義所在，如非以便乎靜與簡之為逸……靜則可以致一（唐順之〈贈宜興令馮少虛序〉）。我以為第一句「非以」之「以」字，恰當王引之所謂作為「謂」字解，如禮記檀弓（替者吾有斯子也吾以將為賢人也。）同解。然第二句：「以」字，即須當作（然）字解，言唯靜可能致一。以字本與已相通，但後來在文字上應用最多的即上幾種。其他作而字解，亦頗通行。在國語文字上；以及在後來的白話上恐怕就只有連合他字作一種承轉語的 Phrase 用法，當作英文的 Therefore 字用了。然我想在現今白話文當在幼稚的時代，當然用此等虛字，尚沒有大變化，將來也許如文言上用「以」字的變例與適用，而有別種用法，也未可知。

七月二二日

自來解詩經的，往往模稜其詞，猜測其義，既牽於文理，又不能貫通其意而用超出的眼光加以批正，遂至割裂迷離，不可卒解。而其大誤所在，則不知古字的用法，亦其一端。我前作〈評毛詩復古錄〉一文已屢申此義。（見去年九月上海《文學旬刊》）顧頡剛君作〈詩經的危運與幸運〉一文，（見本年《小說月報》）用讀歷史之方法參證鉤稽，發明詩的本義，實為一有價值之著作。但我想對於詩經上用虛字的說明，雖有許多漢字家為之筆注釋解，但真有確解，加以證明者殊鮮。所以往往有好多人讀過詩經，問其真義來，單就字義上也說不明白。昔人說讀書必先識字，況且我們要去研究古籍，更不能不先將字義瞭然於胸，然後觸類旁通，方可不至錯解。清代訓詁之學鉤稽備至，可謂已集大成；但最確切而能用科學方法以釋古書的，我獨佩服王氏父子。如王引之解詩經先取一虛字與他書相參證，發明其有幾種講法，然後用歸納的方法將詩中有此字者按條取來，加以詳解，駁倒前注。如「終」字釋為「詞之既也」，引左傳注「終猶已也」以為證。而得去解「終風且暴」、「終溫且惠」、「終窶且

貧」、「終善且有」、「終其永懷,又窘陰雨」以及「終遠兄弟」,「終鮮
兄弟」又以眾與終通以史記及韓策作證,而詩經載馳章的「許尤人之眾稚
且狂」,以眾與終同作「既」解,無上面諸詩句中所用的「終」字,皆可
作既字講字義既通,事理復合,使讀者可相悅以解。否則終風果為何物!
如鄭籤所為是竟日之風,殊屬牽強。我相能如此發明古的字用法,一方既
可使古書易解;一方又可得到文學上的趣味,所謂「益人神智者」殊多。
整理國故,此亦為緊要條件之一,不可忽視的。

七月二十四日

　　《暗寶之王》(*The King of Dark Chamber*)為泰戈兒戲劇中的名作,
與《春之循環》同音。其中有一段極有趣味而含有哲理。其中 Sundars-
Handa 王后說:

　　「否,否 —— 沒有光我不能夠生活 —— 在此嚴酷的黑暗之中我是不
能休息的,蘇蘭格瑪,假使你能取一點光亮來在這個屋子裡,我可以將我
的頸圈予你。」

　　黑暗中需求光亮,在暗無明光的空間裡為能生活,此語雖小,實可喻
大。泰戈兒的著作中對於光明的顧盼;對於動作的讚嘆,在在都足以發明
此義,其表現於戲劇及詩歌者尤多。「我們是為欲望的鄰居,但是我所領
受的比給予的為多。現在天黎明了而燈光可將我由暗隱然照出,……」他
根本上認定人生終是有意義的,光明之途,終在人們的足塵之下。宇宙是
終古的一個大動機,我們生有其中,亦必須體會此意,知唯一的靈魂,即
為永不消滅的橋梁。世界無窮,我們日日追逐其中,似乎是無目的的,而
人類沒有不是求自己靈魂上的慰悅,與生命的滿足,以求將自我實現與宇
宙相合,但欲求達到這種地位的工具,則須以「動」與「愛」的精神,而
後可以向黑暗之室中,尋到光亮的照耀。

謝謝火焰給你的光明，但是不要忘了那位執燈的人呀，他是堅忍的鑽在黑暗當中呢。（見《飛鳥集》從鄭君譯文）

七月二十四日

李笠翁不愧為一天才者，他的成就無論如何；而在當時能獨往獨來，周遊江湖，為一行歌者的首領，雖也有藉此招搖以及無行的不可避免的行為，而他能為當時所謂「士大夫」不敢為的那種放浪行徑，至少亦有可稱許的一點。不過中國式的文人，借了鋒巧的筆尖，刻薄嬉笑，或藉以作快意恩仇的工具，這的確非有操守，以及瀟然絕塵，悠悠自放的曠世逸才，大多數的文人，乃不能免於那種種卑鄙的思想與行為，所謂「名士不值半文錢」，恐即發端於這些人。他們一面想要傲然自高，不與俗任，一面卻又不能忍受物質上的壓迫，或於自己私利的觀念，所以我們提到大多數的中國文人，不免為之惋惜！

其實人若能做一個真實的浪漫者又何妨，只是既要行如飄風，而胸有積垢，如李笠翁一世的才名，對於這一點上，恐怕不能不負一點責任。由此看來，他始不及金聖歎多了。然而他的曲子，除開結構一無足取外（完全是大團圓式的戲劇），至於詞句卻盡有巧妙恰合，不易移置的地方。只是他的取材，他的立意，除開一二篇外，幾乎盡以遊戲出之，其中滑稽的地方，故意穿加，閱之殊少趣味，輕薄的口句太重，這也是個情的關係，比起孔雲亭諸人來，那是不可同日語的。所以天才這兩個字，極難下正確的判斷，才力未必有何高下，而其性情的傾向如何，這便是他們立足點的分歧之處。英之 Bacon 以有名之文哲學家，而當其在官時，貪賄不公，為人共知，不過他的成就，是偏於理智方面的文字，若使之作文學上的創作，恐怕他的個性，也同李笠翁的顯著了。午睡未成，隨意取《十種曲》重閱後記此。

七月三十一日

文學作品與自然相關，而詩之表象尤須以自然為背景。蓋以小說，戲劇，盡可加入純粹說理或敘事部分果使配置題材允當，亦自可成一種 Style 獨於詩究缺少對於自然之興感或此類，啟發等成分，則難得佳作。顧詩之創作，由於思想的激盪與自然相合，由一種冥冥悠悠的感發中而詩歌出現。中國所謂「詩言志，歌詠言」，所謂「志」與「言」卻有極深滿的意思在內。安諾德（Arnold）說「詩的最大威權即為詩的解釋的威權。」（The grand power of poetry is its interpretative power）不過他用此 interpretative 注，據我想並不是極簡單得如普通流行字典上所請注的；他所謂解釋，是涵有心意及自然兩方的釋解及化合的觀念在內。人的思想，有時亦如游絲，細於秋毫；有時則迅如飄風，沉如迴響，不過無論如何，總向外為變化的起點，然後所感受者不同，則情緒的瞬化上因之時有易動，而詩的創成，乃不能端倪。《韻語陽秋》中曾有一段論詩思的短言，略。

天才與經驗

天才是區分與給予表現的一種勢力，這種勢力是在物質的下面的，所以天才（Genius）是一切進步的源泉，能以經過資才的思索，而發露出他對於人事，對於自然內在的生命的觀察，而又能用恰當的藝術表現出。天才與平常人的不同處，一是觀察，一是想像，一是表現的藝術。天才家的觀察銳利，想像豐富，而又有完好的藝術，所以一樣跟我們生活在此世界之內，然而他能將我們所不留心的，所想不到的，所不能說出的事物，一一都捆捉得到。天才家所以能縱橫如意，能以將平凡的事寫得真實；將難於言說的風景，寫得生動；將理想上的角色，寫得如目見其形耳聞其聲；更能將幽遠曲折的想像，用各種方法敘述出繪畫出傳達出，這需要他的心靈的活動。

不過這裡所謂心靈的活動，絕不是他僅能描寫繪畫事物外部的形相，行動，更須探捉到它內部的生命。說到這裡，足以見出天才的特點來了。與此有連鎖關係的是經驗（Experience）。天才是一種創作的原動力，而經驗卻是他的工具。無論哪一個藝術家，其生活要豐富廣博，卻不是屏絕人事，閉戶咿唔的能以窺察盡宇宙的奇妙，與自然的博大，及人間的複雜的，藝術家必有許多體與腦的熱病的生活（Febrile Life）可以創造出偉大的藝術。這種生活，不只是體魄上的冒險 —— 放縱的膚淺的經驗。

這種生活對於藝術家對於他所不可缺的是因為他的權能的實行（The exercise of his powers），此權能的實行可以將智慧的鬥爭之必要教授與他，且由此發達他的意識，將評量，稱衡及塑成諸種律教與他。此處所謂權能的生命；取謂能將對於自然，對於人事，對於一切的評量，稱衡……法數與他的，就是須走過經驗的一條路。無論哪種藝術是由人與生活及他

的資才接觸藉此以先決定在效果底面的原因中出來的。偉大的藝術，是人以其經驗的志趣表現出 —— 其經驗的獲得由於直接，或由於間接，都不一定，然有此經驗，必能以藉此擴大其思路，與活動其智慧，增加他所描寫的材料，卻是可以斷言。然而徒有經驗，往往印象於心，而不能達之於筆，這就是缺乏創作的天才。譬如只有工具，而沒有原動力，焉能運轉自如呢。

偉大的藝術作品，必以天才與豐富的經驗相合，而後方能產出。由空想而產出的藝術，一樣是不可磨滅的，不過據我的理想，無論其神祕到若何程度，空想得如一片白茫茫大地，而其受有特別的經驗，必可揣測而知，不過因其取材特異，不易為人覺察出罷了。

近來的創作界

本年的文學創作，論量尚不甚缺乏，但貧弱的現象，卻似乎日甚一日。我們見聞固然不免不周偏，而從各種報紙上所見到的文學創作，曾沒有幾篇可以將其印象，深刻地印到我們的心中。大約這是有下列的兩種原因：

1. 因作者較好的作品，多數人不肯在日日流行的報紙上發表。
2. 是因為各種文學刊物甚多，有求過於供的恐慌。

有此兩種原因，所以今年的報紙文學，實少可觀。

但同時有一種可喜的現象，就是各地方研究文學團體的增加，與各種刊物的創行，確乎比起從前來有天淵之殊。不過在我的主觀上，要不禁說句冒昧的話 —— 也許是錯誤的話 —— 就是這種現相似是過於急遽些，而預備的工夫短淺些。本來這種事，「成熟」二字，原說不到，一切的進步，是由時間中堆積起的。雖是這樣，我覺得在今年的突進的許多文學刊物中間，都似犯了兩種弊病是：

1. 創作過多而介紹量少。
2. 情緒方面的作品多，而藝術上太缺欠。

我們實在誠懇地希望中國文學界，一時有多量的創作出來，不過同時我們也不可忽視了介紹。以中國人向來對於文學觀念的籠統，思想的含混，藝術的粗疏而無變化，所以介紹與創作實是異曲同工，而且有相互為用的必要。文學是沒有國界的，思想的神力，是超出一切人為的界限的，我們能以多創作固然是好，但能從善而多多介紹，尤為要急。因為將國外的理論與作品迻譯過來，不但可使我們對於文字的藝術上得到很多利益，

而且能以添加我們無量的知識。實在呢？創作比介紹為難，但照今日的創作界上看去，卻似比較視創作為容易的事了。我們試詳察現在多數的文學刊物有三分之二是偏重創作，我們不能作無謂的貢諛，確實有許多以此等事比學習外國文，或譯書為容易些。（自然這並非全體如此）這不能不說是輕於嘗試的觀念錯誤。

我並不是反對大家共同急進的去嘗試創作，而且對於現在創作量的加多，反覺得有更好的希望。不過因為希望的更大，所以要說幾句供討論的話。

第二種的缺點，幾乎成了中國新文學作品通有的缺陷。我相信中國人對於文學的天才上，或者尚非極拙劣，不過淺嘗輒止，不會忍耐、研究，以求進步，是無可諱言的。藝術的巧妙，於文學的風格、趣味、美麗上，實有重要的關係，凡是藝術品，沒有一種可以少缺這種條件的。自然因為我們對於新文學的修養與練習，以時間上的關係，還差得多，然而只知直抒一己情緒的揮發，而沒有相當的藝術，成功的作品。固然少了，有時還可將其深沉，美妙，悲哀的情緒喪卻。這是我們不可忽視的。

以上這兩種觀察，如果我是錯誤了，自不成問題；如我們的文壇上確有我的「不幸而言中的」現象，則愛好文學者，似乎應該注意！

道旁的默感 —— 中山先生移柩日所想

死果然是個奇妙的世界，可以泯卻了一切的愛與憎，歡樂與猜嫌；這是軀體逃入了虛空？還是虛空來遮蔽了軀體？當沒人敢作答言，但死總是個奇妙的世界。

偉人的死，詩人的死，美人的死，以及有情無情一切的眾生的死，一律的終究避免不了蒿裡的留連，土塊的翳埋，這奇絕的宇宙中，死的事實與恐怖及悲哀，彌滿了所有的空間，是誰也不能逃避。

在郊外的平林芳草中，偶然看見了一座新墳，那土花的潤溼，酒奠的餘痕；或有個穿白衣的婦人，跪在那裡宛轉哀泣。像在這春日的柔靡的晴風的溫和中，驀見此現象，便不由地使我們佇足掩巾。死者安榮的在隴下長眠，又何預於一個遊春的過客？生未識顏，也沒曾聽見過他的言笑，這陌生的人兒，他是一息沒有了在窀穸中惆悵著他的靈魂時，卻將我們的意識加蒙上一種淚珠的織網。

從秋風的檐下巡視，看見昨夜爛開的黃花，已被秋風吹殤，枝兒欹側，葉兒紛披。它已將生機斷盡。主人便呆立在曉霧中怊惘！思尋它幼時的娉婷，它盛年的豐潤，它那鮮明的顏色，滯人的芬香，一夜西風卻吹向何處去了？空餘下的是霜簾的幽痕，是風窗的懺恨。生的機能有什麼奇蹟；種子的萌坼，枝葉的敷榮，雨露的滋生，葩蕚的燦爛，到頭來卻只有如此了結！湮葬了它的靈根！你要狂唱著傲霜的奇卉之讚美的歌曲，你要在心靈中稱揚他的清高，但在你的流連眷戀內，終難除悵念的余思，雖說夕落黃英，是一句妙言；然而終不能不將對此不盡的戀思，泛溢在你的記憶裡。

雖說死是奇妙的世界，但也正是悲念的源頭；雖說是安息的一重難關，卻是記憶之邊緣的起首。

一隻蝴蝶瘦死在枯花上，一片秋葉飄墜在細雨聲中，一瓣玫瑰花兒凋落在清流的池畔，都足以使我們低首徘徊，深深地凝思，淒悒的眷嘆！這是生機滅絕的最後的靈光，這是它另行搏造一個活動中的宇宙。……所餘留在我們的心頭上的微顫的餘痕，只剩有依戀切思，除此外更無一物。

這樣陰沉沉的天氣，在大空中充溢著疲醉與溫煦，街塵的坌起中招展開無數的白旗，連奏著淒悒的音樂，幾千萬個的頭顱在人海中翻動，來看那三尺的黑棺；來弔送那黑棺中不滿七尺的男子。我每每怕在這樣激昂躍擲的大群中，參加什麼集會，因為我易感的神經每每把持不住自己的感動，聽他們一致的高呼聲浪，看他們的熱誠或是嚴肅的面色，用一種普遍與打擊的暗力，將群眾的精神合一。尤其是在誠敬之中，舉行齊動的禮儀，每每聽到那萬眾靜立中的一兩聲鐘音，或是萬頭攢動中的高處的喊語，立刻我便感到有一種激感的悽慘，從心頭酸到鼻端，周身的筋絡為之痙動。況在今日，這人海中的前浪後波，全來拉擁這桐棺內的男子，他的靈感與誠力，似隱隱地在空中引導與激勵，這已死的軀殼，這永存的精神，全在這翻動的白旗中舉起。我俯首立在道旁，目送著這簇簇的群眾，遙聽著紅衣人兒奏著曼音與咽調的輓歌，不禁淚痕溢在眶內。

在這混沌的大塊流形之中，什麼生前的榮曜，什麼死後的遁形，據那些自稱哲士的人們看來，還不是混萬流於一科，體形掩卻，百事澄澹，質化靈沒，更有什麼可說；況且一例的華屋，究竟還是一例的山丘，何苦來向生前爭競？更何必向死後縈思？這是超人的盛議，這是修道士的祕語，我便不須論辯，但在驚風沉雨的時中，有作震雷的聲音，來呼出春之革命的劇響，使蟄蟲俱由沉窟中蠕動，使敗卉俱由凋落中復生，那末，這等響

聲即使時過境遷，還依然常震撼你的耳膜，掌聲在你的心聲中，作澎湃的反響。所以一死，誠然是個奇妙的世界，泯卻一切，消除一切，但真正男子的「死」，便不能不使你恐怖，更增你的悲哀，因為這春之革命的雷聲，是誰曾經忘記了？

人生的夢境，卻也不全是惝悅迷離，要在你自己去感受領悟。這迅如電射的流光，固然是斷送一切的利器，是誰也經不起在此中的幾次沉浮。功勛，智慧，德望與名譽，崇敬與戀愛，其來也茫然，去也倏然，似乎萬法，萬緣，都只在空虛中搏動，消滅。又值得什麼尋思，什麼記憶？但一切法與緣，都如月夜的花影，在皎皎的清空中搖動，迨至月落影消，便以為一切皆幻；不過在我們，卻不能這樣尋思。影雖沒了，而「痕」卻常住。雖不是故意執著，卻終不能不令人回念花影著地的留「痕」，誠然這是個人的怪想，但世界中如果沒有「痕」的眷戀，尋憶，那末，那真是令我們如在夢中徘徊了。

與其說我們是神移於當前的景物，不如說是受感念對於過去的舊「痕」之追慕。誠然一片秋葉，一瓣玫瑰花兒凋落了，枯萎了，一個陌生的陳死人，眠在土壤之下，又與我何干？卻偏不自主地從想像中，或者也從經驗中，去作憧憬的感嘆，或淒想。以為這便是人性對於「痕」的眷懷。已聽過的，已見過的，已知過的，固常懸撞在你的心頭；即是未聽過的，未見過的，但你卻有推知的本能，在你的想像中泛動。不然，生也若覺，死也若寐，他人作永息的安眠，卻何勞我自己的涕淚感傷？

我這些呆想，是枉然的，也是可以自知不足以語人的。但在那白旗飛揚之中，淒音悠揚之中，我對於這安眠的男子，卻不能不自抑地淒念！功勛，事業，名譽，德望，固然不過是人生迷夢中的一種技藝，但這技藝是非常人所能持守的，他這技藝正是使我們的夢境真切，使我們的心靈激

越，使我們心頭的火光燃燒得起。那麼，對於這死者的人格令聞，固然毋庸像我輩者去加以評議，但是他那點永留不去的「痕」，長充溢浮漾於人們的心中，這便不能不令人感到自然的淒惻與追慕了！

死是這樣奇妙的世界，它可以泯卻一切，它又可以重生一切。固然不能免了蒿裡的留連，土塊的翳埋，但也不能不使死者的靈魂活躍於此不可見的世界中，在那兒鼓舞激動。我們對於秋風吹殞的一棵黃花，對於道旁的不相知的新墓，尚能令我們惆悵唏噓，那末，這留痕於我們最深，最色澤明麗的男子的死後，在那春塵坌起，萬眾前導中，怎能不令人追念懷思！

世界一日未至於末日，則人類的靈明的火焰永久長燃。偉大的死，是他的靈明的火焰高舉的時期。這已足令人生無限的景望，無限的永懷，無限的想像力在燃燒這體魄合成的世界了。

嗚呼！此磊落卓毅的男子 —— 中山先生之靈，今日暫閟向翠林佳處，此永留之「痕」可以常浮漾於人間。在各色旗幟展颺之中，我道旁獨立，不禁低徊亂思了上面一段的心感，目送著這長列的男女遠去了，人兒散盡，軍兒匆匆，但我終感到此靈明的「痕」刻在心頭，時時覺得有淒楚與激越的味道，不能分析，也不能掃除。

微言

　　偶來的不可抑壓的零碎感想，記之於此，無精義，也無系統，不過聊記個人的心感，所以名之曰「微言」。

改革與人才

　　「國破山河在」的景狀現在雖尚沒有實現，然而我們苟尚有少年的熱血，可以外看各國露刃相向的惡態，內看軍匪政客的肆惡，終覺得這風雨飄搖中無從安頓我們的生命；無從寄託我們的精神；無從覓得一條光明的道路。十有四年以來的民國，其荼毒，邪惡，賄賂公行，草菅小民的生命，較之從前的專制國家如何？較之法蘭西未舉行大革命以前的狀況如何？以言教育，以言經濟，任何問題都是紛如亂絲，惡德日彰，這不用一一舉出例證。尤其令人神昏心警的，是一二年來的軍人專橫，外人的肆虐，老實說：聊以優遊，如在水火，這是我們的生活，這還成甚麼國家？長此沓泄著下去還有甚麼希望！搶慣了手，殺紅了眼的盜首；爭慣了位子，耀慣了榮譽的名流；吹慣了歪調，濫腔的假學者，造了多少罪惡，因果相生，遂至於今日，真是所謂雖有善者亦莫如之何！但我輩究竟相信造風氣的力量比一切的制度、法律都堅固而有力。

　　每一種時會的治亂，大都由於幾個人的轉移；固然，我們並非迷信首領主義，以為一件改革的大事業，只全放在幾個人的手裡，但越在風雨如晦，萬方多難的時會之中，確需要有幾個精心遠矚膽大意定的人來擔負提倡的責任。講平民主義，誠然是十分對的話，但也不能抹卻領袖二字。如今百孔千瘡的中國，須從根本上下一個總解決的方法，絕不是今天有一個新名目，明天開一個救援會，烏煙瘴氣，空言一頓，便能得補救；也絕不

是這次說說聯邦論，再次談談地方自治，便足以樹之風聲，造成輿論的。講學，修藝，這自然是國人所應為，而且能以增長文化的，但在此時期，若只倚仗清談，亦復何用。我們想在這樣列強環伺，內威如炙的時機中，以言大改革，絕非可等諸兒戲。即有幾個人拚命提倡，亦非合全國人的籌思運用不為功。

至於取何政略，用何種手段，在此不及詳述。但最重要的卻是人才。國內人才，在各方面看去似乎濟濟多士了，但這其中有一定的識見，一定的目的者有幾位？既有識見，有目的，而肯捨卻一切奮臂而起者又有幾人？至起後，有其百折不回之毅力，其有出生入死之決心，其能將所有之富貴勢厚拋置腦後，唯向其抱定之目的而前趨不返者又有幾人？誰敢輕量天下士者！而一念及此，殊不能不題外生枝為中國之人才惜！暮四朝三，前為志士，今為佞臣者何可勝數。而即有少數學博識高可為青年先導的，又復遲回顧忌，甚則苟安戀位；甚則以名流為託身之所，以望重為不輕動之資；甚者則因緣而為這會……那會的備員，企在現在臭腐而死氣沉沉的政治界中得一立足地，得一領薪所。士氣！士氣！尚復何言！一般人更無足論了！他們為甚麼這樣的自餒？這樣的自棄？這樣的聊以度日？我們覺得在這種無可如何的狀態中所謂少有可望的人才大都如此消沉下去令人生無窮感慨。我以為要實行將來的大改革，非有若干堅苦卓越識高學足而又有恆毅之力的人才不為功，然現相如此，我們卻也只有默默地向天公祝禱，希望他也重抖擻一番吧！

▶「自崖而返」

曾有人比方中國的情形是「山雨欲來風滿樓」，果真那震驚的勇敢的驟雨快來，能以一洗這煙霧層層的河山，使之澄鮮清爽，那真是我們的幸

福！我們的祝告！我們的歡喜讚嘆！但每況愈下，豈唯山雨不來，就連這使人稍快的風，也早跑出樓外，另走向他一世界去了。固然，風息了，燈滅了，人臥了，只有唧唧喳喳的鬼語，只有無力的蚊聲，然而已幾乎全沉入黑暗之淵，靜候強盜的宰割，靜待悍僕健奴的虐待。主人呢？入夢去了！飲酒去了！就是這樣現相，難道還可用曾前的比方麼？退一步是一步吧，還不是「自崖而返」嗎？但崖下是否平安？是否讓你這些怯懦的，聾聵的，半途而返的可憐蟲平穩地向後轉？人家自此而遠，我們究竟還就是在這峭險的崖頭恆舞酣歌自樂其樂嗎？

恆毅

現在還用著說到這兩個字，一般人看了大以為無聊，這是辦雜誌呵，不是抄語錄。然而中國人的老毛病終改不掉，還是要饒舌一番，即令人說是迂腐。

這兩個字的要義誰都知道，不用抄《說文》，也不用寫經典。但我所要說的，是行的上面的程度問題。孫中山的議論，是「匪行之難，而知之難」，但這也是有別種的詮解。所謂不能實行的，不能行之不止，不懼的，便還是知的不切，如果有真知便可行了。這是中山先生的意思。不過我究竟不甚十分相信。講到精深的科學妙理，以及學術上的切劘，主張，誠然即知即行，原不能剖而為二。但論到一切事業的實行上說，是「匪行之難」未免是立論過高。我們知道有好多人，無論是現在的，過去的人，他們對於「知」的程度上，容或很高，但的確是知，而非沿門乞火的「知」，何以竟不去行？何以竟違其所「知」，而走倒路？若說他們還是「知」之不精，故不能信任自己，乃如池面之萍，隨風飄轉嗎？王陽明所說：「行之明覺精察處便是知，知之真切篤實處便是行」，這種透闢的

議論，實是圓滿。但知之真切篤實以後，恐怕還有點力量為其「行」上的幫助，便是，「恆」與「毅」。有恆有毅，而後方能見出沉舟破釜，扎硬寨，打死仗的本領；有恆有毅，而後才不到有「見利忘義」，「見異思遷」的病根。

我以為這兩個老生常談，聽之似令人生厭的字，對於知，對於行上，有莫大的補助。我覺得中國人在學術上缺乏科學的研究，在事業上少恆毅的能力，所以籠統，遷就，朝三暮四，忽僕忽起的現象充滿中國內。學術上少系統的研究，與精密的發明，作事業者則徒騖虛名，不能力行，若說盡歸於不「知」上，也未免太為過言。然知而不行，行而不力誰說這不是缺乏恆心沒有毅力的原故？秀花雖麗，不禁風摧，湧流雖急，終屬無源，沉沉死氣罩遍中國，何莫非無恆毅二字為之後盾？外人譏我們是五分鐘的熱度，這還不是說我們只憑一時興奮，沒有持久的力量？然而任重致遠之材，難道盡消沉於此五分鐘內嗎？我願我們當一洗斯言之恥？

▶ 悲壯

春風，秋月，啼花，恨草，這其中已深深含有無限的悲哀，在中國人前此的文藝裡，思想裡，表現得不少。我們以為這是人類靈感的微妙處，也不可一例排斥：但徒能這樣柔弱的，荏苒的悲哀，卻如何得了？所謂詞人，只是消極的悲哀，而少偉壯的氣概，這真不是我們所望於今日的詞人！人類的思想恆不能脫卻當時社會的背影，歷數古今的文人其所以不朽的，令人景仰的，令人永久思慕的，即其情感的真摯，與文詞的優妙。而情感是複雜的，是變化的，不過終不能超出文人當時的環境。（這種問題過於複雜暫不多述。）我們知道藝術家他們的精神往往是高遠的，尚且如此，則其他各種人的思想能有不受現代的情形所影響？

不必號召躃踴方才是悲，不必叱吒怒目方才是壯，但在棘地荊天不可一日居的時候裡，我們總深深的感到悲切？在火焰將燃及毛髮，霜刃橫飛於目前時，我們還能否有容忍的力量？悲是內在的感到不安，悵悵，壯是向外的奮然表現這兩個字能聯在一起，方足見少年的精神！如聞淒笛在霜月之下，如聽雁唳在重雲之中，縱萬籟無聲，而大風將作，縱天地昏黃，而旭光將露。惆悵不使之憔悴，憤激不使之鹵莽。然後方可以將此等真純有力的煙士披里純，合而為一，所向無前，無堅不摧，無鋒不挫。我們的少年！今日何時？中國的今日正是悲壯精神的釀造所，也是我們真純有力的煙士披里純有表現的機會。我們寧能目睹此沉沉河山使之日日的黯淡無色？我們寧能聽那些飽颺飢鳴的外族的箝制？我們寧甘受這些暴君們的掊克聚斂，恣欲肆殺？我們寧願袖手以聽異族及同族的妖魔的宰割？我們寧願低首下心以喪失中國少年的精神與人格？嗚呼！悲壯的精靈何在？在此風雨如晦中，你們為何還深藏在人人心裡，不敢起舞？不敢高呼？不敢奏一曲哀切淋漓的曲調？嗚呼悲壯！

國民心理與革命事業（上篇）

　　風起了，葉兒落了，夜鳥啼了，沉沉的秋夜便聽到了蕭殺的騷動的聲音，於是我不能安眠。幻想的迷夢，雖然願意它在此長夜如年，蟲聲淒苦中來安慰我的憂悒，寂寞；然幽夢都隨雲中的鴻雁遠遠地飛去，所留予我的只是繞室的徘徊，與臥床的輾轉；而窗外蕭蕭的落葉聲聲中，又似告我以秋候的降臨，將來的繁霜，飛雪，都在無形中由天公安排妥貼，預備給我們享受，我一番踟躕，更加上一番憂懼！不僅想這宛宛良時不復我與，即在未來中萬阻千難，正待我們去及身而試！披衣出戶，則涼月盈階；她那青白色，正表象出慘淡的哀切的陰沉的色調，四面悄然，卻又似一切都歸於靜默，秋氣已深，不復再現出豐滿繁茂的光景，只有此涼月，寒螢，共伴我寂寞的不眠者。然偶來的一陣透衣的夜風，便聽得萬籟俱鳴，繁殺的淒戾的聲音都如飛槳似的打碎我的心波。我頓然醒悟了！這便是令我踟躕，令我憂懼的鳴聲。然而也同時是不能使我沉酣入夢，繞室徘徊，終至於披衣出戶的原因。

　　風起了，葉落了，夜鳥啼了，這一剎那中由心理上而起的感應似比我讀書十年的趣味還深。而使我悵然以思，瞿然以起的衝動—— 謝此冥冥中主宰者的力！我乃幸未曾深入夢裡，以負此涼宵中的景色。

　　嗚呼！心理感召的力量，如是！如是！這無怪掀天之浪，乃起於蘋末的微風了。

　　就個人的心理感召說：當此秋深木落中，中夜徘徊，便有不能自已，不能自知的情趣湧上心頭，而同時又徬徨，淒咽，若有所喪，若有所求……然而今日的中國，其紛亂，其瘡痍，其机樥不寧的現象，寧非一繁霜飛雪預來的先期？寧非一萬木蕭蕭，葉脫聲繁的時候？所謂外人虐毒的

慘殺，軍人肆欲的橫行，而偷安自娛的政蠹，尚且粉飾太平，盜名欺世；所謂士氣，所謂民風，所謂熱烈反抗的精神，乃多同秋蓬無根，隨風四散！只有巧佞取容，媚俗固位的現象；只有妥協調和的空談；只有風花月露的文字，實則居此時代大多數的國民心理究居何等？或者他們各將飲了毒血的心埋在地獄的深處，不敢重見天日，而一任毒素分布於全體終至於麻痺，至於癱瘓，至於知覺全失，宰割任人？

我今先言國民心理與一個時代的改革事業，而後再比論中國現在的國民心理呈何現象，究須如何診治，如何奮興。

國家的成立由於多數國民的集合，但此集合係有組織而又有系統，方可以建成一較大的有法規有界線的社團以成國家。不過此見，層出不窮，然任其千變萬差，舉不出於強奪民財，宰割中國之二語，與虎謀皮寧能有幸在這等狀況之下，乃希望社會事業日有進步，民眾能力增高繼長，此真欺人之談。不必高陳學理，種種現象所給予我們的警戒，已至深且著。於今而尚不想作政治改革者，其人盡可理亂不知，獨向空山後面壁生活，否則醇酒婦人自適其適，否則滑稽處世隨人俯仰，聊窮地位飽食以嬉耳！我們以為今日中國的政治改造，並非請願於什麼門，什麼府；或則討論什麼權，什麼會所能達其目的，其萬無可避免之事，實則必要以革命之手段出之。

以革命手段而思改造中國者，此不過是一種論理學的大前提，而必用何種革命的方略以達於結論，而蘄其完成，此不能不在國民心理上下一番觀察，鼓舞，激刺的工夫。所謂國民心理，雖有潛伏的影像，然不受相當的外來觸感，則影像不易與感覺融合為一，則精神上的聯合表現亦無由實施。居今日而思以政治革命以達於改造中國之述的，其取何主義，用何手段，暫不論及。然應如何利用國民今日的心理誠屬一大問題，於此我乃記

起一切確的譬喻。蘇軾曾謂：

「人固有暴猛獸而不操兵，出入於白刃之中而色不變者；有見蛇蠍而卻走，聞鐘鼓之聲而顫慄者，是勇怯之不齊，至於如此。然閭閻之小民爭鬥，戲笑卒然之間而或至於殺人，當其發也，其心翻然，其色勃然，若不可以已者，雖天下之勇夫無以過之。及其退而思其身，顧其妻子，未始不惻然悔也，此非必勇者也。氣之所乘，則奪其性，而忘其故。……」

蘇軾這段議論的確能以分析個人心理的勇怯，變化於俄頃之間，然發於卒然，其氣不能持續，倡者無人，徒憑意氣，或不待戰而先氣餒。所以他又主張「致勇莫先乎倡」，所謂「天下有急而有一人焉奮而爭先，而致其死，則翻然者眾矣」。又說：「天下之大，可以名劫；三軍之眾，可以氣使。」如此議論雖有一部分有類策士空談，而其實能深合乎國民心理之應用。所以想在中國勵行政治革命之事業，絕非徒恃大聲疾呼所能克奏敷功，因一時的激奮往往不久即失其效力。例如民眾集會，慷慨自許，斷指仰天，血淚交下，然事過時易，方且嗒然若喪，莫知所然。

此心理上一時的衝動，萬無有持久之理。故今日而思改造中國，必先改革國民的心理。閱者且勿疑此言乃緩不濟急之談，以為時不吾與，遲以時日，其何能淑？不知由心理上所造成的社會的勢力（Social force）較之一切為有力量，可以立於不敗的地位。必先由心理上經過真切的醞釀改革，而後易達於成功之境。所以歷史上重大改革的事業，在與國民心理之變動攸關。藍樸勒曲（Lamprech）曾說：「歷史是一種社會心理學的科學。在歷史調查中新傾向與舊傾向中間的爭鬥，此主要問題就是由社會心靈所作成，以與個人心靈之要素相比較相對證是一樣，或者說的多少簡要一點──對於某種狀況，或某種英雄豪傑的了解──在歷史的過程中，則所謂社會心靈的爭鬥乃是一種推動的威權」我們任管講主義，講才略，以

力行改革事業，而絕不能蔑視歷史上的事實 —— 亦即不可慣認一國國民他們在歷史上所保留的影像。

人類在歷史上爭鬥，只不過如藍樸勒曲所說的新舊兩種潮流中的一種社會心靈的爭鬥。於此可見在今日之中國，欲力行革命事業以建立將來的新中國的人，萬不能蔑視我國民今日大多數的心理。尤不能不注意到國民在歷史上奮鬥的影像。以期鑑既往，以勵將來。合此二者然後可以有革命的方法，與革命後的建設。一群之眾，建立一國家，自有其不可磨滅的國民性存在，然後內培實力，外抗強權，則雖以此棼如亂絲之國家情形，或亦不難徐徐就理。但此自非容易，不過我們相信革命的氣概要如黃河千里；而革命之前的觀察，則不妨細若秋毫。然後方可不至有即幸而成功，乃東塗西附莫知所措，以再伏三次五次大改革的根須的弊病。國民心理易於樂成，而難於圖始；然始之不慎，亦將貽患永無窮期。否則中國果使在十四年前有徹底周密之革命計畫及其實施者，又何至於今日。政治革命要在創設一種新計畫，而使同在此一國家共營生活的群眾照此新計畫而作一切政治的設施消去前弊，而使民眾有更新的快樂。

法規是活動的，在建設改革事業者，因勢應宜，不拘，不仿，以施行之，而最重要者則不能違反國民大多數的心理表現，須利用他們心理上的感動，而共同以改造此多難之國家「以力服人不如以心服」的簡單學說，在吾國幾千年前已成定論，而西哲亦言見屈於力的，乃由於勢力，而非由於意志，可見國民心理的趨向，轉移，與一國家的大改革事業其關係如此密切，徒憑一時的威力，絕不能有良好結局，若魯莽行之，即僥倖一時，遂種惡因，不特無以造成社會的勢力，反將本可有為的社會的勢力破滅無餘，則結果所呈，當非當時謀國者的希望呵。

今日的中國國民呈何種心理狀態？其在歷史上所保留的影像又居何

等？倡言革命者應如何斟酌激動國民的感覺而使有有力而完全的精神表現？凡此諸種問題，容俟下篇再續述所見。然心理一變，則風雲變色，豈唯入夢不能，並且百死無悔。此鋒之銳固未易挫；而此機的道行，利用，亦必以審慎出之。

　　然而今日的中國卻已是落木蕭蕭的秋季了！繁霜飛雪的為期或不甚遠，長夜如年，在繞室徘徊之頃，我便不能自禁地欲向秋風涼月中陳此淺見。

生活—時間—思想的爭鬥力

　　生活是一條絲綿織就的繩索，它固然沒有鋼鐵般的硬度，但同時在捆縛掙扎之中，也足以令你呻吟，令你悲怨，令你周身的纖維化作燃燒的火星，令你一體內的血液沖決而成江河。

　　時間性會將生活橫穿連鎖，使你不能托地跳出，縱身雲外，只索「相煞有介事」似的，在時間內磨銷你的才力，減損你的智慧，燒煅銷鎔你的身體，也或者粉碎了你的靈魂。但生活的威權，絕不能絲毫將你饒恕！你既向生活低頭，於是時間就是你頭上的「矮簾」了。

　　如果我們能以安安舒舒清清閒閒地任憑時間的支配，任憑生活的播弄，它們願意鬆了我們的綁，我們便伸個懶腰緩過一口氣，如果它們願意加緊羈束力，我們便瞠目，閉氣，靜待它們的處分；這實在是再好不過的。「不樂壽，不哀夭」，「忘己以入於天」，豈不快哉！也豈不寫意！更何苦來去忙忙的追求，去悵悵的尋思，去糊里糊塗的「時勢……英雄」「英雄……時勢？」更不必說甚麼在風雨如晦中聽雞兒鳴。月上柳梢後去玩尋芳步幽的把戲，以及捻著髭兒吟詩，把著臂兒入林等等更瑣碎的事了。然而，而生活的榨壓，內心情緒的沸騰，再加上時間老人的撩撥，於是在安樂椅上明明坐得十分舒適的便立起來繞室徘徊了；明明立在房門口剔著牙籤兒的姑娘，也忽而引巾拭淚要同那一群群的呆雁短嘆長噓了；明明是可以大嚼肉餌大可逍遙的，忽而要試試二角機上的刀鋒滋味；明明是在她沉眠的清曉時間，也有人大作其喪氣梧亡的慨嘆了。生活簡直是十分奇異的一個空中怪物，它這樣的去來無蹤，這樣的使人人受到它的激勵，況且它又能變化得神妙莫測，隨時幻形。於是，它乃搖身而成一條絲綿織成的繩索，不硬不軟的將這些恆河沙數的可憐蟲整個兒捆得結實，使你跑

不掉，走不脫。

因此話又說回來了。我們不能否定生活，我們更不能超出於時間之上或時間之外，那末，便須在某時間內找我們的生活。生活的味道，辛，酸，甜，苦，固然不止一種，就是平陂崎嶇也不一定是一樣的路途。記得從前我曾打過一個譬喻，說：「寧為藕花，不為浮萍，這兩句微妙的話方是了悟生活的真實意義。」「生」的「生的悶脫兒」不能一日幻作空花，那「生」的衝進，「生」的搏鬥，「生」的膠擾，便永遠留在人間。時間是生活的外延，而生活也便是時間的酵母。

與此中乃迸躍出思想的火花，紛射，亂集，燃燒，蔓延，將瞬時中的宇宙，可以使之「變形易色」。

思想的權威能以變化一切，支配一切，掀動一切，破壞一切，也能建立、完成一切的一切。這並不是說著好頑的話，打開人類的進化史一看，還不是一部相斫書？也就是一部爭鬥史。這相斫爭鬥得動力，便是奇怪的思想。而人類為什麼有許多的思想？沒有別的話可作解釋，我以為全是由生活力與時間性醞釀而成的。

如果思想永遠是統一的，是集合的，是沒有破裂分化的時候。那末，生活便不成其為生活，時間也永遠是千古不變了。我們所說的思想，自然是包括多方面的：如政治的，科學的，文藝的種類上的區別；又如苦痛的，快樂的，失望的，滿足的性質上的判分。總之從具體上講來，思想是人類一切的哀痛之淵，愉樂之府，也可以說是僥倖的機運，躊躇的原力，是人類活動的大本營，也是世界造成的根本要素。而能為其左右兩翼，助之搖旗吶喊，金鼓齊鳴的，就是時間與生活。

由思想而形成的爭鬥，甚而至於形成實力的交手仗，在我們看來都非常有趣，不但有趣，實在也覺得這是人生本能的真實揮發。必須有這樣精

搖神動，毫髮豎立的爭競，有這樣的聲色力量都十分充實，十分飽滿的戰鬥，才能現出人生活劇的焦點（Climax）。像這樣淬礪的，猛銳的，壯旺的由思想之力的支配，由思想之翼的搧動，由思想之源泉所噴發出的爭鬥，真所謂「崔乎其不得已聲乎其未可制」（節取莊子語意）的人力的隱德來希在揮動呢。

假使沒有蘇格拉底，沒有耶穌，沒有項羽，劉邦，沒有馬拉，拿破崙，納耳遜，沒有梅得涅，瑪志尼，加利波的，沒有華盛頓，李寧……種種的人類爭鬥的領袖與多少無名的英雄 —— 不管它是專制的暴君，也不管他是無政府的黨人 —— 則人類歷史豈不甚黯慘無光，沒的可看，也沒的可作，而且人類之淬歷的，猛銳的，壯旺的精神，也更踏破鐵鞋無從覓到。然而偉大的爭鬥者，我們可以說他是思想的主人，也是思想的奴隸；他是時間與生活所產生的驕兒，也就是時間與生活的敗家之子。然而我們崇拜思想，崇拜思想的揮動是人類之力的活躍，所以喜歡看世界中一切的爭鬥；其實世界一切的爭鬥，只要從自由嚴正思想的威權中爆發出來的，它那四散的火星總是灼灼顯光彩的。

可憐我信手寫了上面的兩段文字之後，便忽而低頭想到中國了！—— 在這樣的中國裡，我們所消費的是什麼時間？我們所度過的是哪種生活？請諸君為下一轉語！想有思想的人，也不能不像我一般的低頭了！也或者有人能昂頭些。在……時間……生活中，思想呢？由思想之力而揮發出來的爭鬥呢？在哪裡？在哪裡？哼！就是這天高氣爽中有兩面光采灰暗的五色旗兒在公園門外，新華宮前遙遙相望嗎？或只是疲倦苦呻的哀號，喊「賞一個大」的肉體生物在車塵馬足中宛轉著嗎？還是彼此冷酷的譏笑聲？還是「銀樣蠟槍頭」的雪光一亮哩？

我們的時間是整個兒安貼貼地躺在地上了麼？我們的生活是被抽血的

機器全個兒抽淨了麼？由思想中而來的爭鬥呵！你們何不托地跳出，燦爛光明的為這沉沉古國新演上一場活劇！——只要是活劇便好！我們看煩了，看厭了傀儡的把戲了。——為這招牌上大書深刻的十四年的令人漠然的「國慶節」來預備點砌末！耍賣彩頭！

從前讀過一本非我們貴國的一位著作的文字，他說：

「我們不明白奇怪的種種思想在我們心中的激動。這種種聲音是喊動我們到許多偉大的效果，許多沉重的工作上去的。雖然我們還不能了解這些聲音的意思，而且藏在我們之中的種種迴響所能回答的是擾動，不清楚，而且是啞默的。」

到底要問一句絕對為什麼而作？為什麼「為」而為的。那末，真正偉大的效果，沉重的工作，便不易期其實現了。

所謂這樣十有四年之國慶日之後，能否有偉大的效果，能否有沉重的工作之實現？就是要看從此後的思想的爭鬥力若何了！

· ·

伏園要我為京副國慶日作文，我久不願作無味的文字，尤不善於作應時的文字，在百忙而且微病中草成這篇拉雜的東西，可是不應時，更不是為應個景兒，湊個分子，更不必說甚麼「善頌善禱」了。

我們的意思

　　近二三年來定期刊物，真的，如「雨後春筍」了，特別是所謂文藝刊物正各自在這大時代中爭著，奮躍著，掙扎著，呻吟著他們未來的命運。這究竟是一個蓬勃的現象。雖然在社會上，在思想上，在我們這樣民族的國家裡，而一切時代意識的認識已給予我們對於渺茫的前程有微光的啟示與希望。這是暴風雨後的澄明？或是暴風雨的前夜？誰敢說定。然而時代的飛濤確已迅疾地掠過了我們古舊思想的防岸，與捲沒了它的荒蕪枯乾的平原，我們在此中沉浮？我們在此中隨流？還是我們在此中奔越呢？時代是無情的轉輪，自有天然的力之推動，但是我們呢？

　　光彩絢爛的微光正射在我們的遠處，時代思想更從無形中在後面向我們追逐著，於此中我們自不容其遲疑，回顧，我們想借文藝的力量來表現我們的思，感，與希望；但這並非是以文藝作品作何等宣揚，與思，與感，與希望，在任何偉大與超越的文藝中能脫卻、避免時代意識的明指或暗示呢？

　　文藝自不能以地域為限，但在這風景壯美及近代的新都市的各種刺激與現實的青島，我們平常想望著有這種刊物，這不是為「河山生色，鄉土增光」，或是迎合社會需要之陳舊的與投時的貨品的觀念，但在天風海水的浩蕩中迸躍出這無力的一線青潮也或是頗有興致的事吧！

　　我們的意思只是這樣的簡單與籠統吧，我們只希望藉此小刊物同大家來以時代意識認明什麼是文藝品，以及由文藝品來點清我們的人生。至於再進一步問何為文藝品？何為時代意識？則自有他們的本質在，這絕不能以何種定例，原則，可以歸納，可以範疇，可以不許它跑到圈子外邊去的。

至於共同來辦這個刊物的只不過三四人，作始也雖不必不簡，但我們以誠實的希冀盼望好文藝的朋友們的助力！

　　也正如某雜誌一樣，這刊物內最古的與最新的作品一例容納，只以作品的價值為準，這也是須附告的一句。

　　就這一點 —— 如大海中微波一點，我們借它飛流著贈給大家。

古剎—姑蘇遊痕之一

　　離開滄浪亭，穿過幾條小街，我的皮鞋踏在小圓石子碎砌的鋪道上總覺得不適意；蘇州城內只宜於穿軟底鞋或草履，硬邦邦的鞋底踏上去不但腳趾生痛，而且也感到心理上的不調和。

　　陰沉沉的天氣又像要落雨。滄浪亭外的彎腰垂柳與別的雜樹交織成一層濃綠色的柔幕，已彷彿到了盛夏。可是水池中的小荷葉還沒露面。石橋上有幾個座談的黃包車伕並不忙於找顧客，消閒地數著水上的游魚。一路走去我念念不忘《浮生六記》裡沈三白夫婦夜深偷遊此亭的風味，對於曾在這兒做「名山」文章的蘇子美反而淡然。現在這幽靜的園亭到深夜是不許人去了，裡面有一所美術專門學校。固然荒園利用，而使這名勝地與「美術」兩字牽合在一起也可使遊人有一點點淡漠的好感，然而蘇州不少大園子若一定找到這兒設學校，各室裡高懸著整整齊齊的畫片、攝影、手工作品，出出進進的是穿制服的學生，即便不煞風景，而遊人可也不能隨意留連。

　　在這殘春時，那土山的亭子旁邊，一樹碧桃還綴著淡紅的繁英，花瓣靜靜地貼在泥苔溼潤的土石上。園子太空闊了，外來的遊客極少。在另一院落中兩株山茶花快落盡了，宛轉的鳥音從葉子中間送出來，我離開時回望了幾次。

　　陶君導引我到了城東南角上的孔廟，從頹垣的入口處走進去。綠樹叢中我們只遇見一個擔糞便桶的挑夫。廟外是一大個毀壞的園子，地上滿種著青菜，一條小路逶迤地通到廟門首，這真是「荒墟」了。

　　石碑半臥在剝落了顏色的紅牆根下，大字深刻的什麼訓戒話也滿長了苔蘚。進去，不像森林，也不像花園，滋生的碧草與這城裡少見的柏樹，

一道石橋得當心腳步！又一重門，是直走向「大成殿」的，關起來，我們便從旁邊「先賢祠、名宦祠」的側門穿過。破門上貼著一張告示，意思是崇奉孔子聖地，不得到此損毀東西，與禁止看守的廟役賃與雜人住居等話。（記不清了，大意如此。）披著雜草，樹枝，又進一重門，到了兩廡。木柵欄都沒了，空洞的廊下只有鳥糞，土蘚。正殿上的朱門半闔，我剛剛邁進一雙腳，一股臭味悶住呼吸，後面的陶君急急道地：「不要進去，裡面的蝙蝠太多了，氣味難聞得很！」果然，一陣拍拍的飛聲，梁棟上有許多小灰色動物在陰暗中自營生活。木龕裡，「至聖先師」的神位孤獨地在大殿正中享受這霉溼的氣息。好大的殿堂，此外一無所有。石階上，螞蟻、小蟲在鳥糞堆中跑來跑去，細草由磚縫中向上生長，兩行古柏蒼幹皴皮，沉默地對立。

立在圮頹的廡下，想像多少年來，每逢丁祭的時日，躋躋蹌蹌，拜跪、鞠躬，老少先生們都戴上一份嚴重的面具。聽著仿古音樂的奏弄，宗教儀式的宰牲，和血，燃起乾枝「庭燎」。他們總想由這點崇敬，由這點祈求：國泰、民安……至於士大夫幻夢的追逐，香煙中似開著「朱紫貴」的花朵。雖然土、草、木、石的簡單音響彷彿真的是「金聲玉振」。也許因此他們會有一點點「前不見古人後不見來者」的想法？但現在呢？不管怎麼樣在倡導尊孔讀經，只就這偌大古舊的城園中「至聖先師」的廟殿看來，荒煙，蔓草，真變成「空山古剎」。偶來的遊人對於這闊大而荒涼破敗的建築物有何感想？

何況所謂蘇州向來是士大夫的出產地，明末的黨社人物，與清代的狀元、宰相，固有多少不同，然而屬於尊孔讀經的主流卻是一樣，現在呢？仕宦階級與田主身分同做了時代的沒落者？

所以巍峨的孔廟變成了「空山古剎」並不稀奇，你任管到哪個城中看看，差不了多少。

雖然尊孔，讀經，還在口舌中、文字上叫得響亮，寫得分明。

我們從西面又轉到什麼「范公祠、白公祠」那些沒了門扇缺了窗櫺的矮屋子旁邊，看見幾個工人正在葺補塌落的外垣。這不是大規模科學化的建造摩天樓，小孩子慢步挑著磚灰，年老人吸著旱煙筒，那態度與工作的疏散，正與剝落得不像紅色的泥汙牆的顏色相調和。

我們在大門外的草叢中立了一會，很悅耳的也還有幾聲鳥鳴，微微絲雨灑到身上，頗感到春寒的料峭。

雨中我們離開了這所「古剎」。

清話 —— 姑蘇遊痕之二

幸有賢主人我可有舒適的眠、食。每日遊罷歸來，泡一杯清苦的香茗，夜雨淒清中與陶君雜話。不定說到哪兒去，文藝、風俗，人情，世事的糾紛，都是談料。主人安閒和平的心情正如這小客室中所掛的「狄平子」的字幅一樣，在圓潤中藏有他獨立的鋒芒，在平穩後面有他的骨力。講到現代人的字，我頂愛狄氏的字法，如果將中國字作為藝術品，而還不要加以鑑賞便是落伍的罪名時。他既沒有江湖派的戾氣，獷野氣，又絕非規規於摹仿前人的筆法而無變化，不出奇，不使性，不矯揉造作，穩圓，秀勁，每逢見他的字我總要細細看一回。將字比人，也就是陶君的真實態度。固然太穩重點，然而藹然可親，言笑皆從肺腑中向外發，不退縮也不償興，外圓而內方。如果見過狄平子的筆墨而又與陶君相熟的人可以說我用書法作比並無不妥。

就是陶君的家庭亦有他的凝合點，安和，閒靜，在那小小的略仿西式的房子中可以半天聽不到一點聲響。與大街隔的遠，又是陋巷，人力車兩輛便不能並行，真是「門無車馬喧」的境界。如果住在鄉村中此境並非難得，但在從前久已稱為紙醉金迷的蘇州城裡能找到這個靜僻的地方，陶君可謂善於擇地。屋係去秋所建，一連四大間，每間前後用木榊分開又可作兩小間，三面走廊，可以閒坐，可以羅列盆花，可以讀書，可作小孩們雨天的嬉遊地。

院子中沒有大樹不免美中不足，因為新毀的地基，原來的百年喬木都被伐作柴薪，所以獨有新栽的一棵碧桃在小魚缸旁邊開著笑臉。蘇州城裡城外像這類桃花到處都是，但在尚沒有其他花木的小院中倒分外顯出它的美麗的姿態。比人高出有限，淺紫色的柔梗上貼著尖簇葉，花是深紅淺白

相間的，同一朵上有兩種顏色，這是碧桃的變種，在北方也不少。不過那麼細的樹乾枝頭上卻已開了幾十朵的花，雖當春末，仍留下嬌豔的風姿，微風搖曳，花光斜動，如同早婚的小婦人提抱著嬰孩卻不會減少了她的青春的光澤。陶君夫婦對花草頗為愛護，飯後時時觀察，十一歲頂小的男孩放學歸來也參加鋤土除草的工作。

有一天快黃昏了，忽然有人敲門，原來兩個工人送進一個高大的藤羅，老幹已有玻璃杯口的粗細，帶了幾條蔓枝。於是陶君夫人忙著照呼，命他們栽在大門的左側。她一面看著工人如何挖土，鋪根，一面對我說：「蘇州有許多園子頹廢了，主人家沒飯吃，只好將土地出賣。園中的花木自然有很好的，可惜的是老了，移栽不活，太大的連樹冠帶著差不多送不進大門。上月有一家賣一棵綠梅，好得很，年歲太久了，並值不了多少錢，但是我們沒法將他搬到門內，後來大概是砍掉了。那家急於賣地方顧不得這些，真可惜！」

接著陶君也說這幾年由上海來作寓公的太多了。都市的經濟力恰好打在舊日沒落的地主紳士人家的身上，他們守著祖上遺留下的田地，租稅既重，佃農也無力繳租，那一班好吃愛玩的少爺們架子丟不下，用費省不了，可是兩手空了用什麼來應付一切？結果只有出賣田地、房屋。鄉間的地不值錢，少人要，獨有城中的舊房空地，老園子，倒容易出脫。你不見，一帶一帶的上海弄堂式的房子，洋樓式的新建築，也在蘇州城裡出現了。近幾年的事……當年，那些顯宦或是流寓吳下巨公們的園林居室，大半都改造成灰泥紅磚的建築物……

不錯，蘇州距上海、南京都不遠，地點適中，風景還好，而到處又有軟性的享樂，小吃品特別著名，風俗還是舊日的存留，一般有錢有勢的人很歡喜在這兒找地方作退休地，好吃好玩，清靜中不缺乏普通西洋化的

物質享受，到城市外盡多可以遊談遣日的地方，無怪城裡的新房子日見加多。

陶君的母親快七十歲了，走路言談都十分健朗，只是有點重聽，好在這位老人一句普通話講不來，我的蘇白也蹩腳得很，除掉飯時照應一兩句話之外用不到談什麼。不過看陶君四十歲以外的人尚有老母，而且那樣健康，時時使我回想到我的故去的母親！為家境，為我與姐妹們這一群早喪父的兒女，勞苦一生，剛五十六歲便沒法延長她的積勞成疾的生命！於今，每見到陶君這樣的家庭，不禁低頭自嘆！人情是世間的維繫，母子之愛是最純真的天性，尤其像我，一切的教養全是母親的力量，往日回思，哪能無「寸草春暉」之感！

記得十幾歲時看到「方孝孺」的〈慈竹軒記〉開頭那一段小舟冬行的描寫，與望見岸上叢竹登岸訪友，（即慈竹軒的主人）拜見他的老母……文字是那樣從容，溫和，著語無多，感人至深。直到多少年後，我還是憧憬著那篇文字的真美，忘不了讀時所受的感動。但近來國文選本中未曾見到有這篇文字。

在陶君家中，每一次與他的母親一桌吃飯，恍惚間便記起當年所讀的〈慈竹軒記〉。

我住在陶君客室內木槅後的一間屋裡，晚上睡得頗早。陶君是生活上很有規律的人，早眠！早起！他不作深夜的寫讀工作。但那些日子雨偏多，江南的黃梅季雖還沒到，而殘春之夜的淒風，苦雨，不知怎的，每晚上我躺在床上總要過一小時方能入夢。窗子上的「雨打」時時響動，牆邊的簷溜也不住地淅淅瀝瀝，「乾坤萬里眼，時序百年心！」回憶這兩年來的生活，遙思、微感毫無端緒地紛然襲來。也知道何苦如此，但四時盛衰正代表著人間的繁榮，頹落，自然的變化能使一個人聯想到許多事，欲罷不能。

在陶君家中吃過美味的魚，與由白馬湖來的青菜，澀中略帶苦味。每晨為了我這遠來的客人，給預備蓮子羹，或別的食品，類此瑣記述正見出一個家庭優待來客的精細。

陶君前後十幾年的上海生活使他厭倦了，由去年秋天搬回他的故鄉。無論在家庭經濟上，小孩子讀書上打算，都為合適，即就個人作文學的創作起見，也清靜多了。上海固然是生活爭鬥的大都市，難道不在上海便是退出爭鬥線嗎？上海要忙，競爭，要花樣，但那是一個巨大的冶爐，她可把你鍛成精鋼也可把你燒成廢鐵。陶君雖在蘇州，每月仍然往上海幾次料理他的文字事務，這樣精神上容易得到調劑，並不是退縮的隱居。

有一晚上無意中談到文章作法，他說：「我現在力求清、力求簡，當多餘的字，多餘的句完全不要。所以寫不出長文來。想給讀者容易明了，給自己文字上一種鍛鍊，以通俗簡便為準則。」

「這是你的一貫風格。」我回答。「不過近來更見顯著。你倒可以辦到『文清如水』的地步，無餘字，無剩意，慚愧，我便不成。無論如何簡，寫不到這個地步，也許個性使然。不過據我想，完全敘述的，或不多用描寫的文字應該如此，但有時我們也不可看輕豐富的刻劃，只要是得當，多點似也無妨。」

陶君點點頭道：「自然也有這個道理，如果刻劃豐富還能不惹人厭，倒也無啥。怕的是著力於此羅嗦過度罷了。」

又談及文言中的許多成語，到現在仍然在白話文中常常應用，一時沒有甚多的代替字，例如「參差」、「錯落」、「寂寞」等等。我又舉出一個例子，譬如形容來回走步用的「踟躕」這太古董了。

陶君用手在空中擺著，「用不得，用不得，『踟躕』用不得！」

我也笑了。

吳苑 —— 姑蘇遊痕之三

　　喫茶不只是江浙人們的生活必需的點綴，更不是單獨蘇州的茶館最講究、最多。江南哪個較大的城市與集鎮上沒有這樣中國特有的俱樂部？把喫茶看成一種了不得的罪惡，或者提到蘇州人就聯想到他們的遊惰生活，上茶館居其一，因此將頹廢、低級趣味、遊手好閒、無聊等等的話，全加在這個城中的居民身上，這未免有點不公平，實在喫茶何嘗是大罪惡，更非蘇州人獨有的惡習。

　　自然，一般人從清早到中飯，從中飯後到晚飯前，老是坐在茶館中消磨著整天的光陰，聚談著無聊的新聞，不是一個健全社會的好現象。但這般人即使不在茶館，怕也不見得能「修己利人」，善用他們的良時。社會制度的畸形發展，他們有產業無事業，亦不求知識的進益，這個問題是多方面的。上茶館與否對他們無多大關係。一個人自願作惰民，有這樣可以作消遣的地方，坐一下午的茶館，比起整夜在跳舞場中的摩登男女來，並不見得會加重了罪惡，而且比較上茶館究竟不同於舞場。

　　一種是社會制度沒有根本的改革，一種是民間無相當的娛樂。自然，傳統的習性與清雅之流的懶惰也不是小原因。然而在江南，即是一個小小的農村有一爿茶館並不稀奇，難道我們能說江南鄉村凡是到茶館中坐一歇的便是流氓與惰農麼？（鄉下的茶館也有與城市中的不同處。）

　　這一回舊地重遊，我一定要去嘗試這大城中著名茶館的味道。從玄妙觀轉了一個圈子，我與一位久住蘇州的朋友便往一家的「吳苑」去。這真夠得上是大規模而且有歷史的茶館。大廳小室有五六處，一進門是次等的地位，茶資便宜些。東面一個廳中有說書臺，下面一張張桌子坐著些喫茶的聽眾。兩個人對口說白，正好是說唐伯虎的風流故事——《三笑姻

緣》。這道地的說書不知重說了幾千次，然而仍然有它的聽眾。說書的那一位是黃臉的瘦子，一把摺扇在他手上藉以表演姿態。我去站了一會，他滿口蘇白，我幸而還懂得幾句。這裡太熱鬧了，我們又出去，向西面的一個廳子走。揀臨著外廊的玻璃槅扇後的座位坐下。僅木方桌、椅子，光銅的痰盂，足以表示這個廳是全「苑」中最闊氣的所在。然而不論清茶、紅茶，每人還不過小洋一角，你儘管從清早坐到黃昏。只要你有容量，茶博士不到一刻鐘準會去給你添一次開水。

廳中像這樣座位總在四十個以外，在座的人，老頭子、及西服的青年，（只見過一位）穿制服的公務員，（似是）以綢衫緞履的中年人最多。有的聚談，有的看小報，有的則在對奕，還有五六個旁觀者。也有好清靜的，獨坐吸著香煙，或者想什麼心事，然而從他們的神態上看，一定不會深刻的作想，也不是入迷的沉思。

嵌著大理石的掛屏，精巧的四角玻璃燈，由天花板上垂下來，靜靜的一絲風都沒有，廊子外面斷斷續續的雨絲在陰沉的空間閃耀著。

我們要了一壺綠茶，又一壺紅茶，剛把清色的茶水倒在杯子裡，來了報販子，賣五香豆的，炸花生、蠶豆的小糖食，他們倒不強要客人買，走來手裡抓著食品小包叫叫名字，看你不理，又從容地提了竹籃到另一個桌子旁邊去找主顧。

廊子上也有一層玻璃格，有小幾，單座，好清靜的老人往往在那裡。椅子是木靠背，直板板的並不舒適。為什麼他不躺在家中的籐椅子上或柔軟的床上，也泡上一壺香茶，那一定比在「吳苑」中便宜得多。卻來這裡孤零零地打坐？

我武斷地說除開消閒的意義另有一個原因，就是這裡還有社會的意義！

也許有人冷笑了罷？這末耽誤工夫，消滅志氣的地方還有社會的意

義，正不知是何解釋！且慢冷笑，讓我們作進一步的分析。夏秋間鄉村的夜書場，打地攤的具有原初戲劇式的小戲，（包括北方與南方的硼硼，扭股，彈詞等）冬天早上，農民們的晒日黃，鄉間的趁墟趕集、賽會類如這些不是一個人的，而願合起眾人的會聚，除卻它們專有的因素，是音樂的激動，喜怒的表現，談話的趣味，交易的需要，迷信等等之外，我仍然武斷地說，它們都多少有點社會的意義。

假如一個人看戲，一個人在市上選購物品，一個人作賽會的觀眾，（應該稱「觀獨」）怎麼樣？晒日黃倒還可以單獨坐在那裡怕也是無意味，果是這等事他一定意味索然，趕快向回頭跑。世間的一切，「獨樂」兩字不能通用，即在「樂」，也竟得有天地茫茫之感。魯賓遜在荒島上稱王稱帝，逡克推多，飛鳥與野獸絕不妨害他的名義上的自由呀，不成！魯賓遜即使有了宮室，珍寶，一切東西，他能永久地在那島上「獨樂」嗎？爭鬥、戰、組織，拋不開人群，即是在生活暇豫中要消遣，要適意，要使自己的觀感有處安排，說是要接觸著人群。縱使是頹廢的老頭子也一樣有這樣的要求。雖然有許多老人在叫著，「岩棲谷飲」、「與木石居，與鹿豕遊」，那都是大言，與年青人堅持著過鐵的生活正是一個反比。即問諸那些「心懷羲皇」的老頭子，他心裡怎麼樣？

話說遠了，我認定除掉習慣力能把這古城中的老者孤獨地引到吳苑中來，說句流行話，他來因為這裡有群眾！

自然，這裡所用的群眾不是所謂 Masses 的嚴格解釋，普通上可說是「人群」。

人終是群的生物，雖在茶館中，即使有許多不認識的面孔，然而從他們的言談與動作上也可分享點人間味！這也許是老人們能夠靠在木背直椅上坐茶館的一個原因？

蘇州人善做小點心，也講究吃，不過這不是如一般人所說的奢靡的浮華，二十個銅板的水餃，不到一隻小洋的軟糕，味道與色彩都滿足你的味覺與視覺的享受。蘇州的風尚，人與物，都小巧玲瓏，吃的點心也一樣不出此例。

我的那位友人，他雖然又在這古城的一隅住家，但很少到茶館中來，沒有時間，又提不起這樣的興致，這次是特別為了客人來的。他看見兩個穿青色袍，已斑白了頭髮的報販子，彎著腰在大廳中來回轉，我的朋友說：

「從十五年前我來這邊喫茶，他就做著這個營業，如今他老了，我自然也與從前不同，他不認識我了！」

外面的雨滴瀝不止！我們也似乎上了茶癮，盡著一杯一杯地飲下去。

我默默地看見旁邊有位先生叫了理髮匠給他剪髮，坐在小圓凳上意態安舒，絕不感到絲毫不便。

「你看這是為了什麼？那裡及得上在理髮館中的舒適。」

「但正是因在裡，他才樂意！」朋友已加上這一句的解釋。

我對於「吳苑」，僅有這一次的經驗，說句古董話是「賞雨品茶」，但據我想他們固然是遊手好閒，固然是一種消費時間的不很好的習慣，不過我總覺得茶館所以能夠天天招引這麼多的所謂上流、中流以及下流人到此，化幾十個銅板，坐幾個鐘頭，是有隱祕的社會的意義。不是膚淺的只用頹廢、無聊、低級趣味這類名詞能搔到坐茶館者的癢處的。

噩耗

相差四個月整，高爾基逝世之後魯迅先生突然也與世長辭。（高爾基死於六月十八日魯迅先生是十月十九日早去世）這消息太使人驚訝了！因為在夏間他的病曾經有過很危險的時期，竟能安然度過這些日子並無病劇的傳聞，而且在一星期前我曾與他在北四川路匆匆相遇，談過幾句話，面容只是黃瘦，不像病人，語音還是那樣清勁，想不到才隔幾日便在今日清晨撒手人間！

魯迅先生於今可謂蓋棺論定了。關於他的思想、學問、文藝上的造就，將來自有許多人作詳盡的敘述，現在只就個人所感略寫數語。

魯迅先生是戰士，是不服氣的健者，是思深而行堅的人物，是不避艱困的播種者，綜其一生，即除卻文藝的成就不論，已令人嘆服其個性之強，眼光之銳，見事用思之鞭辟入裡。如果他不從事於文藝的活動，作別種事業，我相信他也能獨闢蹊徑，有與一般人不同之處。

平庸模稜，將就，對付，是中國人對一切的態度，無所可又無所不可，過了今日等明日，由種種因襲的傳統觀念養成這個民族的老態。放一把野火，斷一團亂絲，是就是，非就非，愛成真愛，憎即真憎，爽快銳利，不在兩可之間浮游，不向是否中敷衍，試問我們這民族到現在還有這份精神否？魯迅先生早已以善於動火氣著名於文藝界中，也許會有人抓住這一點批評他。但依我想，這正是魯迅先生的特長。如果在世界上都能對付得四平八穩，無所可否，永遠是不偏之謂中，不易之謂庸的態度，只不過會圓滑而已，以言促成人群的進步求有朝氣，絕不是文藝界的同仁。

不顧慮，不打算盤，如何見便如何說，這不是一個確能認真，有剛氣的人辦不到。

魯迅先生的為人，寫文字，以及他的精神都可用這極通俗的幾句話作代表。

處於多少年來麻木、癱瘓、會計算、講對付的中國民族的今日，社會與個人都需要這樣健強不息的精神作治病的峻利之劑，而魯迅先生便是一個最能投以猛劑的好醫生。

但我們的病菌還在漫延著而有能力有定識的好醫生先自去了！只就這一點上想使我們發生如何的感嘆！

何況國難至此，風雨日急在思想界中正自需要有健者作廓清的提示，使我們這遭際艱難的民族更添上要掙扎，要奮鬥的生力，誰說魯迅先生不是一個這樣的領導者？

然而恰在此時魯迅先生病故的噩耗已傳遍了全中國與全世界！

這豈止是中國文藝界的重大損失，懷念著這多難的國家，麻木的民族，使一個有心人聽到這個噩耗能不發生四顧蒼茫之感！

教育的結果還是民族蠻性的遺留？

「文化」這兩個字不是容易解釋完全的。組成文化的種種成分，因時、因地、因民族性有種種的不同點，聚合成熟，必在某種文化的本體與客觀條件的附湊、融合，然後，那樣的「文化」方可形成而有所表現。但「文化」並非固定後即無變化，或完全是一直向前進的，有時由於某種原因，能將已成熟的文化損毀，崩潰，以至於煙消火滅；有時即去其一部分，而存留一部分，棄舊、吸新，重行造成另一種的文化體。粗略言之，如是，徵引甚多，茲不具論。

既瞭然於「文化」的組成與毀變必有其本體的變動與客觀條件的牽引，便知亙古以來的「文化」變遷，此起彼衰，並不足奇。蓋所以生成與所以毀變之故仍在「人為」一個文化集團的活動，與其認識、思想、行為，處處有密切之關係。何以一個文化集團能有其個別的認識、思想、行為？則教育的力量實足統制一個文化集團的精神與其對時代應償還的代價。

現在我們無暇對此作周密的引證。但平情而論，我們的敵國 —— 日本，無論如何，我們痛恨他們黷武的軍閥，他們殘暴的士兵，但我們總不能武斷說日本是無文化的國家。日本民族原是無文化的民族，不錯，他們的文化起初是得自中國，後來是傳自西方。（這在日人亦無法強辯，事實所在，自有明證。日本的文字、書冊、禮教、典章，多是從隋唐時由中國介紹過去的。在漢武帝時日本初使驛使通於中原。北齊王芳時命太守弓遵遣建中校尉梯雋等奉詔書印綬詣倭國，拜假倭王。倭王上表謝恩，遣使獻貢。隋煬帝時他們的使者始由中國得《法華經》以歸。唐時，他們常遣生徒詣國子監學習種種文物，返日摹行。終唐一代東使來往不絕。）但這也何妨，世界上的許多國家起初往往借他族文化的啟迪，與他們自己善於仿

效、融化，終成獨立的文化集團。日人如能平心，大量想想，這並非可羞的行為，亦無庸虛飾自誇。

日本原來受中國文教的浸潤，雖也不免有些缺點，但大體上講禮節，重然諾，勵忠勇，修廉恥，表現於他們的軼事與文藝中的盡多美德，我們亦不能一筆抹殺。即與西洋海通以後，勵精圖治，解決其國內封建式的紛爭，明定政刑，廣立學校，以堅毅果決的行動擷取西洋科學的精神與力量，捨舊圖新，幾十年間突成強國。如果說他們毫無文化，或不善仿效融化他民族的文化，不但日本人不甘心佩服，即我們也不能那樣輕視事實，只圖口快。近若干年，他們在各種學術方面的努力，民眾的團結力，亦能使世界對之改觀。不過未來呢？他們若永遠在軍閥的力量與毒藥壓迫、引誘中過日子；永遠擴大他們的驕矜與迷信武力，長此下去，則他們摹仿他民族融和他民族的文化是否能保持得住？即使日本有識之士自己想想，也應不寒而慄！

文化之凝成至非易易，然欲其銷毀或分化卻適得其反。日本本無堅強自守的文化，東仿西取，得諸他族，如能時常自警，善為保持，毋誇毋縱，假以歲月，自能變化生長純為其自己的文化集團。無論在個人與國家，因滿自溢，以狂生非，事證具在絕非迂闊之論。日本既屬島國，民性褊急，好大喜功，復易詭詐。在平時尚可自隱於和平的面幕後，一至戰時民性便容易暴露。雖以多少年的文化浸潤之力，至時竟不抵其狂怒瘋行。我們對一般日本平民，對主張公道與有正義感的日本人士，亦知其處境之苦，發言之難。但被其軍閥派遣來華作戰的日本軍士，在世界見聞的上海，竟發現種種毫無人道，不講情理的殘酷行動，比諸蠻族部落相差無幾。而以堂堂一國之政府，信義輕擲，飾詞強辯，視世界人士皆如兒童；將自己顏面亂塗白黑，真使人不信一個尚有文化的國家與民族會有這樣的怪現象！

兩國交戰，自以全力消滅對方之武力與擁有武力之軍士為目的。日本既傾其全力想踏平中國；想使中國屈膝長跪，我們還沒有全被敵人的鐵騎踏平，還沒有那樣軟骨頭，則奮起抗戰，唯力是視！未來勝負且待未來！我們在此種種冤苦種種恥辱中，除與我們的敵人拚到最後無從收場！是非所在盡人皆知，我們現在更不用申訴空呼。但戰則戰耳！日本號稱世界列強之一，水陸空軍大力所在，「膺懲」，「征服」想隨「尊便」。但要使中國俯首請降恐亦非日人所敢預定！戰則戰耳！唯力是視！平民何辜？死於日人之鋒刃，非武裝區域與文化機關竟歷遭日空軍之轟炸，難民三五亦必大彈紛投，置之死地！其實，日本軍人能將中國四萬萬五千萬之人口全毀滅否？既要滅其半數是否非一場迷夢？鄉農草屋，橫江帆舫，縱令盡付「焚如」，便因此可消滅中國之戰鬥力耶？積恨種於眾心，譏笑來自世界，增我們的同情，露他們的狂妄，此等心理所在，如出自蠻族或尚可說，然而日本國家與其民族不也是一種文化的集團嗎？

　　與友人談起日軍人的暴行，除卻痛恨之外，我們便有一個重大的疑問：所謂日本的新軍人既係由徵役而來，又都受過強迫的教育（最低限度），而其空軍中的駕駛人員至少亦應該是有過中等教育程度的青年，雖然與中國戰爭，竟會殘酷無理至如此程度，是他們這些年軍閥主義之教育的效果呢？還是民族中蠻性的遺留，一經戰事即將面幕揭開暴露其狂野的面目？兩說相衡，或各有其一部分之理由，但我以為日人這若干年對於他們的士兵灌注以侵掠與狂暴的教育，使之變成此等面目的成分為多。

　　無論促成他們這樣暴行的原因何在，但長此下去，則所謂日本的文化集團在未來能否存在是一疑問吧！

　　我們拚定犧牲生命，財產，都須在戰爭後清算，無論如何，我們絕不會因日軍人的暴行便怯懦畏葸。實則更加強了民眾抗敵的決心。

教育的結果還是民族蠻性的遺留？

　　由日人看來，他們如以為這種種行為是可引為矜誇與滿足的，那末，
銷毀與崩潰他們的文化（不論是仿自中國或來自西方的）的便是他們
自己。

遙憶老舍與聞一多

前幾年，每值春秋佳日或風雨晦冥之時，鬥室枯坐 —— 俯倚在書文堆迭的寫字桌前，往往引動對過去舊跡、故里風俗，以及連年劇戰久已隔阻的良朋的回思。愈思愈悵惘，愈理愈紛亂的心懷，欲罷不能！然而年光一層，人間世的擾亂一層，地理的阻隔又一層……其結果不是深吐一口長氣，便是拍一下几案，硬硬心腸，另轉念頭……但，這是兩年前的話了，比來，身體日衰，精神上竟如此麻木，從前使自己心傷目暈的憫惜，使自己徒喚奈何的感慨……現在，無論如何，連這點情感上的激動都提不起。不敢說槁木死灰，其實也等於心盲意滅！怪得很，疾病與環境把敏於感受的原性既然變了，即連想像力也折卻飛翼，不易在回思幻念中自由翱翔。至於把筆為文，比小學生呆望教師出的國文課題還要生疏呆鈍，不但絕無所謂風發泉湧，就是一點一滴的靈源也漸漸乾涸，不易自筆尖流出。

懷人麼？……作文字寫出這等心境麼？興味既無，且又無從說起。記得青年時，時常不忘那「莫放春秋佳日過，最難風雨故人來」的佳聯，以及「風雪淒然歲雲暮矣」的俊句，能增加懷友思舊之感。春去秋來，大自然的佳日曆劫永存，風蕭雨晦，雞鳴嘐嘐的驚覺並非無聞，然而如何不放？如何得良友快睹？關山難越，時空兩非，怎麼想又怎麼寫得出這樣難於描摹，難於追憶，難於預想的情思！

辭不獲已，強寫此文，真純之感徒憑無花禿筆已是一片模糊，何況至今是否在心頭上還留著所謂真純之感，自己也毫無信力！

信筆略寫兩位舊友多少年前的生活或性格的片段，至於我的懷想，就讓它墜於無何有之鄉，與土壤拌合培生草木而已。

老舍之性格實可以其作品代表，我敢妄斷，比較他人 —— 從文章裡

透露性格，他在現代中國著名文人中可算最明顯的一個。爽脆，幽默，不拖泥帶水，堅定，善能給人歡喜，熱心體貼。似玩世而內裡真誠，似好譏評而不油腔滑調……夠了，愈說愈像下很多的定義，姑取一二事以示實證。戰前我每次回北方，偶而談到上海文藝界的情形複雜，以及人事的紛擾，派別的明爭暗鬥等，我往往慨嘆著說：在我真是增長以前不能想像的閱歷，誰知竟有這麼多五花八門的現象。小住兩年，可謂懂得不少。老舍微笑，用夾香煙手指敲著桌面道：「壞了壞了……所以你也學壞了啦！哈哈！」雖是笑話，此中確有至理，愈日久愈時時記起。他並不解釋也不下判斷，你細想這兩句多夠玩味的話。這才是夠稱為幽默的妙語！懂得多就是壞得多！還用到你的分辯！即完全是一個旁觀者，它可以將你的天真鑿開而失卻純樸的心鏡蒙上塵汙。

還有，他好飲酒，但從不過量，確能不激不隨四平八穩，與他的為人一例。對各方各式的朋友只要有其長處，他絕無冷落待遇，這從他的作品上很容易細心看出。很少有絕對的壞人，而極完美的亦屬罕有。唯有一點，他到過上海，卻不願在上海就職，某某國立大學的文學院長，托我幾次與他婉商請他來滬教書 —— 其實他那時正已辭去山大的教授，唯恃賣稿維持生活。他與這位亦係舊知，論待遇及人情似皆可就，但他堅決回謝。說他無論如何不到這個地方久住。他對這中國名義下的所謂國際都市，口未明言，卻蘊蓄著多少不滿。寧願淡泊安居於青山綠水的海角，不肯到易學壞了的「春申江畔」。他這點定力非常堅決，這也是其性格的另一面。

從小事上最易觀察一個人流露於不自覺的趣味，而性格亦潛在其中。有一年過舊歲，我家按例做幾樣家常點心以備新年中贈予戚友，與自己嘗食。老舍同他夫人小孩亦居青市。大除夕，我命人送去內人做的淨豆沙加糖的長圓形蒸麵捲，與另種一端包棗泥一端包油酥的對折麵捲。（這都是

我家若干代傳流下來的做法。）依我的味覺趣味上說，雖是頭一種有清純的香甜，而後一種卻更有既濃甘又柔膩的豐富滋味。所以舊曆新年中午晚飯兩樣並陳時，我寧多吃一兩個棗泥油酥捲而少吃前一種。但老舍呢，過了幾日我們遇到時，他致過謝言，當著幾位熟人特別讚美淨豆沙麵捲，說是風味清佳，非一般市售者可比。而對於我認為最可口的後一種點心竟未提及。我於是對於他的性格由辨別口味的小節上更為明瞭。不是麼？滋味的口嗜與個人的性情之關連，一個精細的心理學者定有另析的解答。

另一位卻是與老舍君恰巧相反，極少產的文學者 —— 聞一多。他自青年在清華園時出過兩本狂情奔放的詩集，直到上海辦新月社，又印行過薄薄的小本精粹詩《死水》之外，我記不起他有別的詩文集子行世。唯有在《新月》上連登數期的《杜甫評傳》，與幾首譯的白朗寧十四行詩，我讀過頗有印象，歷久不忘。以後，他置身大學，孜孜矻矻地從事於《詩經》、唐詩等專門的研究，反而不大弄外國文學，對創作也談焉若忘。所謂當時的文壇，所謂雜誌，期刊，更得不到他的片文隻字。一般後起青年對這位新文藝運動前期的詩人自然多數陌生。作品之價值與多產毫無關係，一詩一文能永遠流傳。但一多君這些年卻與創作絕緣了。

我與一多實在說並非深交，可是從面貌上與言談上我知道他的性格。雖是生於長江中部，卻富有黃河流域人的堅樸質地。十年前，我見他穿普通綢夾衫，外加藍布罩袍，有時還搭上一件青呢馬褂，西服不必說，就連稍稍講究的中衣式樣他也沒曾在意。大而沉著的雙目映在玳瑁框深度近視鏡片後面，髮長不梳，兩額高起，黧黑色的面容。顯見不是一位純粹神經質的詩人，而是富有忍耐性，好向深難處鑽究問題的學人風度，話不多而鄭重，不會詼諧，更難得有味的俏皮話從他口中露出。（這與老舍不也是互相反映的性格型嗎？）

他的不輕易落筆與不肯苟同的個性，姑就聽知舉二事為證。

　　我有一位富有史地癖而好讀書的親戚 T 君，可說是現代東省中的純篤潛修之士。從二十幾歲致力中國歷史與北方地理的考據，研索，有幾篇永難磨滅的論文曾載在有價值的《地學雜誌》等上面。可惜，兩年前他已在北平因風痰殞其天年！這位，雖經某某介紹與聞君談過幾回似頗投合，雖有新舊方法的不同，可是都對於考核史籍深感興味。他有一個仿臨古名人的畫卷，是他的族姪 —— 有三十年專畫古式人物之修養的畫家所臨，設色用筆俱有根底，非一般時髦畫匠所能比。T 君將這幅佳畫裱為長卷，後面多留白紙請人題跋。他專託與聞君更熟的同事持去，請其跋寫幾句，聞君留下，但為忙或疏懶則不可知，總之，一直數月未曾送還。T 君待之既久，又找原送去者索回，仍然素底如新，沒落點墨。T 君猜不透是何原因，（當然不是聞君看不起人或設想不出題跋的文字）說有意頓蕩，說故學高傲？似都非是。我由此一點明白他的性格：太慎，太珍重，太看得嚴肅些，對作品如此 —— 是他把文字的藝術價值看得極高，不輕易許可，更不輕易動筆。

　　那幾年他在山大教散文，選取題材不限一格，新舊兼收示學生為範。是時以新詩人初露頭角於申新詩界中的某君，恰是隨他上散文班的學生之一。某日到我處閒談，卻說：「這幾天正讀你的近作。」我問他是哪篇，他才說出所以：

　　「聞先生的教書認真，選材之嚴，同學素知。尤其是對新文學作品，選授較少。前幾天忽然手持你的《號聲》今秋印本，與學生大談你的文章作風。他說，現在正是什麼新型文學，什麼意識正確等等的時世，像這樣清遠意味，富於藝術，而又是深入人生的短篇，怕不易惹起時髦讀者的熱好。可是，文章有文章的本質，並非據幾個名詞便可抹煞一切。我挑出這本子裡的一篇給你們細看，作者認真寫其懷感，寫其由懇摯回念中濾出的

人生真感。是〈讀易〉這篇，粗心浮氣的讀者不大肯讀下去，無怪難引人注意。……第二次上班即將油印原文發下，自然，我早已讀過了。他的確特別讚美你這一篇。講解時，對於情感的分析，背景插說的藝術無不說到……」

並無宗派標榜，社團異同的複雜因素，亦非阿其所好。當那時新興文學風靡海上，種種刊物上無不高標理論，衡量作品。我那篇懷舊憶母的短篇，借在清寂海濱重溫《易經》敘起，故家衰門的情況，深摯溫和的母愛，冬宵夜讀的夢幻光景，若即若離的笑謔幽趣，與十數年後已經三十歲飽經世變的自己對證起來，「白雲無依，蒼波幻淚！」以前種種宛如隔世，曲折寫來得失自知，自然，這裡沒有多少批判社會，推動前進的力量，說來自感慚愧！不意一多君卻獨重此篇，至少我認為非細心閱讀，肯說真話，何能有上面的評論。不是因為那篇文字我才提起這事，即非我所作，我也一樣這麼說。真能鑑賞方有真實評論，絕非只是追隨風氣，人云亦云。但，不是冷靜，不是默契，不是撇開虛誇的浮感與流行的看法，又豈易有此認識。

可是，話說回來，那個短篇除聞君外，也實在少人注意。我未聽見他人閱後觸感。難道真夠上曲高和寡？還是不能諧俗同好？

從上述兩點，希望知道聞君的由此略略可以明瞭他的個性，與對於文學作品上的特見。（即有人以為引證自己的舊文不無自彈自唱之嫌，請恕我！自信還不是因他人泛泛的讚揚、酷評便以可嗤的淺薄喜怒相應的那樣人。）

若干年來不悉這兩位的近況，艱難困苦中敢以誠心敬祝他們的康強，安好，此外還有什麼可說。

紙尾還能填上幾行，用舊律詩體謅詩二首，藉以結束。

青燈冷壁指皺枯，坐忘兀兀一字無。
玄黃忍見龍戰野，已殘牙爪虎負嵎。
不期文字能傳念，共感瘡痍痛切膚。
風雲關山再歲暮！鴻鈞氣轉待昭蘇！
低頭忍復訴艱虞，冰雪凝寒慘不舒。
四海驚波沉古國，萬家濺血遍通衢。
聲聞閉眼成千劫，葭露縈懷溯一斛。
渭北江東雲樹里，何時樽酒共歡呼！

夜談偶記

　　夏夜在松蔭篩落的月影下，泡上一壺釅茗，與二三友人共坐廊前隨意暢談，消解一天悶熱。當此遍地烽火四方流離中，這極其平常的「一飲一坐」已感過分欣慰！

　　有位戰前留學德國頗久的友人，由於談到戰後歐洲的紛擾，他便把眼見希特勒執政下的德國情形，就記憶所及簡略說出。那正是希特勒與納粹主義的「鼎盛」之秋，東方人在柏林或其他大城的雖尚少受干涉，與英法諸國的旅客比較是自由得多，但不可以與在歐洲他國相比，時時覺得像有隻魔手觸處摸索。在言談上也極少聽到人民的衷心敘說，不是除了日常應對或上課事務外一無所聞，就是家庭間的瑣屑問答。如想從那些城市居民的口中聆取對於政治上的批評，簡直不容易。報紙、雜誌，甚至圖畫週刊之類都是清一色宣傳納粹主義的文字；對外國文書報也加以嚴格檢查，有的不許出售不許代銷，有的則明白宣布禁止閱讀，否則限制傳遞。

　　這不是「妄言」！我於希特勒剛剛上臺的那年曾往柏林遊覽。正當夏季，自然，那整齊潔美的德國首都——柏林，人口眾多，交通便利，街市整飭，園林豐蔚，從表面上看，你將感到比起黑老的倫敦，紛華的巴黎另有一派清新氣象。可是一到夜裡，如果你的寓所附近有片樹林，或者靠近公園——如不是大規模的公寓與比屋接鄰的密居地帶，中夜，便有種不甚擾人的響聲從那些茂密的小林或隱蔽物後傳來。口令，步聲，鋼鐵的輕輕觸響，像是居心低沉；居心不願以此擾及居民的夜眠，然而每晚上在這種地方卻成為常課。自然，外國旅客「入國觀察」，又哪個不明瞭納粹的什麼團，什麼隊，正在日夜的訓練申討；又誰肯尋聲往看自討沒趣？厲害點，把你當作間諜治罪。

　　此外，我從一個朋友那裡見到一本禁冊，厚厚的一本，德俄兩種文並刊，都是書冊，作者，出版年月的紀錄。原來這就是最近（那時）德國政府禁止書局出售與人民閱讀的德譯俄文書籍。其中十之九是文學作品，而又幾乎全是俄國大革命前重要作者的著作，所謂新俄作品並無多少。我當時覺得太怪，為什麼連托爾斯泰、陀思妥耶夫斯基、安得烈夫諸人的小說、戲劇的舊德譯本一律禁止流通？難道這會宣傳共產與馬列思想嗎？

　　問問朋友他也無從解答，並且證明現時在柏林書店裡已找不到列入此冊的一本德譯書籍，至於俄文原文的更不必提。在德留學，除卻自己研習的學科外，很少有閱讀「閒書」的，實亦少有新書可讀。這種情形，他們本國的青年更比外國去的學生加甚，好在他們的例行事務太多，少有餘暇瀏覽書報。多數青年與市民似亦不甚注意於此，他們日夜忙碌的是「生活上的奮鬥」、「團體訓練」、「身體與精神上的嚴制活動」，自然還有「跳舞」、「電影」、「旅行」等等的生活。

　　因此，德國的出版界即在那幾年已經顯然衰退，購買力大為減少，納粹政府除卻借文字小冊宣傳、控制外，似乎並不感到書籍的功用。雖則各種科學仍然得由書冊上作基本傳授，而希特勒與其左右要員則除卻槍炮、鋼鐵、煤油、操練、宣傳、殺逐猶太人以外，其他事物則不在考慮之中。

　　本無足異，如果你肯調查一下納粹領袖們的出身、學歷與他們的興趣，可知「文化」二字在他們的腦中有何印象？——甚至並無印象！至於以書冊文字傳導思想的看法，大約他們也只認定唯有納粹主義是值得傳播的「思想」。

　　我們的話題從納粹主義談到德國戰敗的結局，不免為以前德國的文化、思想，與在世界上列入第一流的德文著作發生無限感慨！雖則學說長存，睿思仍在，他們偉大的哲學家、詩人、科學家，並不會因納粹主義的

顛覆失卻光輝，減少人間的景仰。然而，真正有價值的德文書冊，尤其在東方，以後將成為「罕物」。在四國分占劃界而治的情形之下，生活已難，生產無力，近若干年還能談到什麼出版，什麼文化？

於是，那位留德較久的友人忽然立起來，高傲地說道：「前天在小攤上我花了四千元——四千元法幣，買來一本一九三四年的厚本德文字典！一千幾百頁，並不很舊。若是一本英文的呢？一樣大小、厚薄。四千元，才四千元！」

「誰要！」另一位說：「不是德國人初占膠州灣以後的那個十幾年，到處立德文班，買德文課本，小孩子學德國話。現在，小攤子上最不高興接售那種字體的德文書，簡直沒人過問。有些從前真學過德文的，或者學工，或者當醫生，各有事業，誰還有工夫有興趣溫習德文書！再一層，他們也不高興在書架上擺列，心理上像感覺恥辱。德國，凡屬德國的東西便易引人反感。所以，就是老德國留學生，於今也不會買這種書本了。只好收書造紙，碰到一個要主，四千元，當然出手。你還以為便宜？難道你不懂得供給與需要的簡單道理！」

自詡買得便宜的朋友不能抗議，只好贊同這位的答話：「是呀，不見多少潔白的日文書扯著包了油條，大概是沒價值的居多。」

「不見得。如果它遇到你，或者可從柏油路上轉上你的書案。不信，你找兩本康德的大著，海涅的詩歌，一樣擺在小攤上等著，有無銷路？也許有個沒被遣送回去的老德國牧師，偶然走過，肯捨個一千八百元買去，但也很少。不是一樣得包油條，擦炭灰。」

我不多說話，可是聽他們兩位因買書而起的談論也似有動於衷，而種種聯想，無端翻映：德文字典，康德，海涅，昔年愛讀的《意志世界》，柏林，柏林大學左近的博物館與高大精美的紀念像，柏林郊外的小林風

景，菠茨坦內的花木，樓臺，十幾歲時學讀德文字母的景況，故里，舊書房院中那棵幾丈高的孤松，戰火，四九型飛機白天的連續投彈，一場攻防戰，日本人的街頭堡壘，燒書、書冊的厄運，郊野的死屍，「精靈」夜叫，磷火，種種槍響，銀光閃耀！……

在半夢的沉迷中，也許飯前的兩杯白酒作祟，靠在舊竹椅上管不住自己的片段記憶，與半似真實的幻想。由一本小攤上的舊書引動，我雖沒加入討論，而紛擾的尋思竟引出若干未曾期想的往跡，與彷彿看見的怪景。突然，一道銀光從海面破空豎起，向雲間映照，掩沒了一片淡月的清輝。

「探照燈，是探照燈！」坐在石階上的好辯者起立仰望。

我在半夢中的幻象竟與長空的銀光結合為一，於是我也離開竹椅與他比肩同看。

獨有那位多年前在德國讀書的書呆子，他今晚上真正另有感思，連破空的探照燈的明光也不注視，只是踱著小步，用悄悄的低音嘟囔著：

烈風吹山崗，磷火來城市，……

可憐壯哉縣，一旦生荊棘。……

嘆息思故人，存亡自今始。……

我們不好打擾他，一任他連續讀著，「嘆息思故人，存亡自今始。」誰曉得他從那本「便宜」大字典中有了什麼啟發？否則被那位好辯者的話引起什麼感慨？

夜談再記

今夏的海濱亦復悶熱異常，幸而清晨，薄暮，海風送爽。又以市內房屋建築不是鴿籠式的安排，花木隨處俱有，若住在小山的山坡，或靠海岸的地方，晚間，不要拿蒲扇自覺清涼。因此，消暑夜談尤其是此處居民的常課。固然，一天出賣筋力的勞動者，飽飯之後納頭便睡，至多不過一二小時披襟當風。而一般人貪圖晚涼，夜話偏多。在鬱悶中暫得安閒互相告語，固覺欣慰，然有時聽著不知何處的槍炮聲響，便把欣慰變成淒嘆！

無拘束，無斟酌，不必紀律，不必心口先商，家人父子，熟悉朋友，樸誠的鄉人，經歷許多的人來過，與你隨意扯談，不但感不到有何倦意，而且興趣叢生，不像答覆一個世故生客對於時局的無聊質問。

「您的見識定然出眾！依您的高見，這局面將來怎麼樣？有何解決呀？」否則：

「哎！世道太壞，太壞！沒有辦法了，劫運吧，哎，您想好人死混嗎？」

其實他是否也是一個太壞的原子，是否夠得上好人的資格都大有可疑，可是他會這套應酬時行話，順口問你，你要如何回答。

與這等對話者應酬上十分鐘，我便覺得口乾氣弱，被一陣倦怠包圍，簡直不願多說一個字。

在聽人開口之前須提高精神準備評量，須比較是非斷定可否。若在閒談中也要如此，那倒不如一個人在清風明月之下靜默自息，或者輕搖大扇靜聽蚊子的飛鳴反覺舒暢。

可是，時代的苦難誰能脫免？人的情感越在無庸裝點的時間與空間

裡,越發易於透露真實;所愛所惡,所希求與不感興味的一切,都可顯明表現。記得小時候一樣的夏夜,躺於老槐樹下的竹榻上,聽家中老人安閒自在的談說故事,縱然有的可怕有的是遭難受苦,難於想像的生活,但他們總是追敘久遠的過去,否則是重行傳述他們的上幾輩留傳的故事。因此,在說者聽者都是輕鬆淡然,如在夢境矇矓中,看見戲臺上的兵卒繞場,呼嘯一聲,溜身而去。

至於再往上講,明末清初遞傳下來的兵賊爭鬥,更是簡要敘事,要描摹出一張稍稍動人的畫面也不可能。《揚州十日》、《嘉定三屠》,這類事實記載既無印本,又鮮鈔傳,尤其是在北方,除卻藏書家或有家藏祕本的人無從閱讀。一般人,誰能想像兵荒馬亂時代的殺掠竟有那麼奇怪的行為!人性在社會生活的安定中,比較可以保持常態。偶而在年關近時聽見某處出了一件路劫,或者某鄉演戲,開寶攤的為爭地盤釀出一條人命,便變成重大奇聞紛紛宣說,加倍形容。膽小的甚至一聽就會發抖,而略讀子日詩云的老先生自然會攏鬚搖頭,誠心嘆息人心不古,竟有這樣亂子!所以,在最適宜閒談故事的夏夜,若追述二百年前的荒亂生活,除卻有人能夠混合著真事與傳聞作半歷史的簡敘,至於細節詳情他們無從揣測,也更無法想像。

青年人與漸漸懂事愛聽勇敢壯烈事蹟的小孩子,只聽簡單紀事體的傳述不感滿足,總願意大人說一個熱鬧的更熱鬧的,甚至你會編造也好。他們不是求真,是要滿足情緒上的激動與想像上的奇異。

那時,大人們的確少有更熱鬧的材料可以滿足青年與孩子們的欲望。除卻鬼怪故事,沒法裝點,就在鬼怪嚇人吃人的一般定型上說,也無非一陣陰風,沒頭吐舌,……青面獠牙,手如蒲扇,血口如盆,囫圇吞下一類的形容。盡憑他們搜尋傳說的記憶,與擴大想像的邊,過分殘酷,過分遠非人情,過分不像話的敘說無從提起。活埋,自掘土坑倒頭納入,以辣椒

水直灌鼻腔，人餵狼狗，一顆子彈穿過三個頭顱，剝皮，在丈夫或父親身前迫姦妻女，把嬰孩頂上刺刀的尖鋒，集體屠殺，水牢，香簇，跪尖石，睡鐵凳，機關槍密集掃射，火油整燒，全村捕殺⋯⋯較後十年在中國的地獄地帶幾乎人人皆知，人人不能否認，甚至竟有若干男女親身經歷過，幸逃殘生的。這類不像話的苦毒生活，當時，誰能想出，誰能造意？

可是，話說回來，當此文明大啟，科學偉力正在給予人類普遍幸福與無限便利的今日，在中國人群中，如果你於閒談時詳細敘說或加意形容這一類真正熱鬧！動人心魄的眼前實事，就是十多歲的孩子也聞之漠然；他準不能請求再來一個，更熱鬧的！因為他知道的太多，親身經的亦非少數。慣了，有什麼奇怪？殺雞一般。從前，在手指上刺了一針，鼻孔中偶流鼻血，便會不知所措，現今呢？前夜「七吉」打了一仗，漫野裡不下一千多個死首。上一個月，某一縣十多個村子一回燒淨。二號炮臺槍斃了八個強盜。某某路邊一輛卡車翻倒死傷了三四十個工人⋯⋯這太平常，太不夠刺激了。誰為這個動一下心？誰會因聽說這個便不能睡覺？多少大人、孩子，在臭血惡樣的死屍旁邊啃著苞谷，或者在半死的傷兵身邊等候他快快斷氣好檢收一套服裝，膽大的還可劫收槍械。

你說什麼殘酷，什麼奇怪，什麼人命，什麼不敢睜眼？你不能強壓住飢餓，你不能消滅求生的本能，一切人間的，不像話的，以前所不能想像的事，你得正看，你無法逃避，甚至你就是在其中使人犧牲或犧牲他人的！這還有什麼可說。

所以在難得的時間，為了彼此暢快，為了滿足閒談的興味，如果有人不知趣的數說這種種在道理上可嚇得人毛髮直豎的新故事，準會惹起聽者的煩厭！因為：

誰知道的不如你？犯不上在熱天裡扒糞！

刺激的反應是興奮，而過度的長久的刺激使反應變為麻木。

「英雄見慣渾閒事」其實是一貫的道理。習於所蔽，習若性成！以往的平和，忍讓，誠篤即使是早已打定根基，並非矯揉造作，無奈人是環境的產物，在這個暴亂，慘毒，殺戮，欺凌的若干歲月中塑成的「人間」，你想如同奇蹟出現，忽然會平和，忍讓，誠篤起來，那終是不可思議，出乎常情！過量的沉醉不易即時清醒，經過甚深苦痛後的麻木，又如何能即行恢復他的靈敏感覺？

在閒談中，他們都不願再聽更熱鬧些的刺激話語，因為他們失去了興奮的力量了！他們所需求的是安閒，休息，恢復疲勞與調和身心的生活，就是夢想也好。在體味那平靜安逸的人生，方能慢慢擴張他們的精力，與恢復正常的態度。為什麼他們還想聽那些眼睛不願再看，腦中不願再記的熱鬧景象？張弓之後如不能漸漸放鬆，其歸結便是弦斷弓折！過度償張「非竭則蹶」！就是口頭耳邊的傳送，他們並不要也不願更熱鬧些的。

「民亦勞止，汔可小休」。休非無為亦非靜止，但相反的卻不是要他在「勞止」後更作無效率的償張——連那些昔年的人間閒談中好聽的「更熱鬧」的刺激話都不耐聽聞下去，這是何等急需康休的心情？是何等至度興奮後應抱正常生活予以從容恢復的時機？

然而，「事實」與最大多數的心願強逆而行，以飢餓，厄苦，生死掙扎，使之往康休的「背道」拚命馳逐。

「鄉願」的進化論

「狂者進取，狷者有所不為」。一個國家民族的中堅有力分子大致不外屬於這兩等的人物。智慧德性充分高明的聖賢固不易得，反之，若一例都庸愚無用，凡莫是已有文化的社會自然不至如此低劣。古今所謂「不拘一格」的人才總可列入非狂則狷兩大類型之中。最可怕的是聲、色、貨、財、投機、取巧，這類引誘在混水裡把稍稍可能磨練造就的人才，積漸化成一灣泥濘，一堆沉澱臟物！當日的狂者阮從「其志嘐嘐然」變為「其容皵皵然」，同流合汙，但圖小己的目前享受。把鋼鋒磨成鈍鐵，不但鈍且日漸柔滑，比起原是不狂之士還要庸俗，還要「近人」，還要沒有自我。只會在前後左右的迷霧層中穿來穿去。昔日的進銳，如今的退折，正是極相稱的對比。至於狷者，本屬於「不屑不潔」的範疇；「不屑」是看不起，值不得幹，有「為什麼同他們混在一起」的心思。「不潔」是伴狂自放；以齊物曠觀的胸懷俯視物事，這兩種態度雖然有點過分，雖然非規矩準繩中的人物所應有，然而他至少尚有「我」在！比那些「和光同塵」，大家混淘一氣的知識分子真有霄壤之別。

其次，又其次，都不易得，即在春秋末年，孔老夫子已經有人才的每況愈下之感。漸漸覺著眼中的狂士日少，有所不為的狷介一流也越被熏染越發流蕩。那股「這不為那不為的傲勁擋不過妻妾之美，宮室之奉，三親六故恭維攀附的貧乏者恨不得『他』逐步登天，他們也猛附驥尾，往高處掉了」。於是狂者狷者，聞其聲不見其人，反而「鄉願」之流充滿現代的「人才」市場！「生斯世」就「為斯世」，卻還是套「善斯可矣」的結論。這裡的「善」，鄉願們對付斯世，「為」於斯世 —— 攫金暮夜、教誡白天的騙子手的「為」法，單能會此，無所不可！孟子的好辯口頭不像孔

老夫子言語忠厚，偏以反面替他們下一句「善斯可矣」的結論。鄉願目中的「善斯」標準，還不與強盜說他們會「替天行道」，娼婦說為的「從一而終」的話一樣大是幽默感？

於今真是鄉願 —— 最多的假鄉願，鄉願的附加分子的世界？狂嗎？不怕你進取，高興把你擠到汙坑裡去，或者把你打入餓鬼地獄。狷嗎？不屑也好，不潔也好，橫豎在種種組織嚴密自由有限的社會中，還怕你逃出掌心？否則你盡可化為木石，甘作鹿豕，倒也罷了。

因為鄉願要有生斯世，「為」斯世的口頭刀架，不是似忠信，似廉潔嗎？好一個「似」！天下可斷送在這個「似」字裡的何可勝數。可是，這也是程度上的差異，如何「似」，如何「相似」，如何「比似」，又如何「不似」；別瞧「差不多」，不多中的一毫釐也許是千里，也許有幾千億萬里。

「似」不是「差不多」嗎？你想，孟子的話多有文趣，多有真正幽默。「差不多的忠信」、「差不多的廉潔」，於是鄉願，假鄉願，鄉願的附加分子，風發泉湧、爭先恐後的投……取……掠……據……反自以為是他們的良心上還是「差不多」以下的澹影存在 —— 他們頗有魄力的認為是有為而為。

有人以為把現在這種人稱以「鄉願」，像是抬得過高，因為至少，古時的「鄉願」還有那點「非之無舉也刺之無刺也」的掩飾手段與裝扮面目，如今的他們，要「非」，要「刺」，真是書不勝書，指不勝指！光天化日之下，他們簡直等於直承不諱，投……取……掠……據……連「差不得」的形似也不顧及。若以這個特別稱謂贈予他們，豈不使之受寵若驚？

答覆或人質問只有把「古鄉願」以後的假鄉願，鄉願的附加分子舉出。證明我們這個古老腐臭的社會所產生的，不但狂者狷者漸被淘汰難以

適於生存，就是古之鄉願於今也成罕物。只有冒充鄉願卻不貌似的假鄉願，以及黏連著，偶爾突出在鄉願影子旁邊的附加分子，他們簡直將「差不得」的虛偽成分索性完全抹掉，赤裸的公開幹些不忠不信，貪狠狼戾的勾當，直道而行更何必偷偷摸摸多加裝點。

本屬具文的「法守」拘板無聊的「道揆」難道還在他們的心目之中？

倘使古之鄉願復生今日，當然會附會進化論的學說。

「適者生存，愈演愈扯去面具，後生可畏，可惜咱們早投生於幾十年前，只好說聲慚愧。」

追懷濟之

濟之平生所留給我的印象，只有借重王伯祥先生在滬時與我說的那句話：「濟之真是北平話的老好人！」

無論與誰，相處久了，難免看清楚他的喜怒歡憂的真像，他有時要自加掩飾也不可能。但從我認識濟之時起（記得那時他不過二十二歲）沒曾見過他有過分的喜怒表現，所謂「狂歡」，「盛怒」自然顯不出來，就連一般人稍稍抑制不住的情感上的波動卻也少有。並非他的「城府深」，會做作，他這樣沉穩堅定的天生性格在朋友群中如此，在他的家庭中並無「二致」。

他的確夠得上是位「規規矩矩」的老實人！我自己縱然想勉強學著在面容神色上不表現情感的激發，但總有使人易於觸著的鋒芒，有時沉默過度，甚至終日不願與人交一語，高興得有時便忘了他人在旁。而濟之卻不須裝扮，不用抑制，任何時，任何地都是「天君泰然」。任何憂慮難得鎖住眉峰，任何暢快不易使之放縱，既無疾言、厲色，也無些微致人難堪之處。這並無關於修養，是他的個性如此。別位朋友即願加意摹仿也不能及。再則，他的「心」太坦然了，清清白白，稱得起「光風霽月」。

雖然他具有「老好人」的完全資格，可是對於世務人情他也胸中雪亮，堅毅自持，萬不會東決東流，西見西淌，不加辨別，隨人步趨。有他的所見，有他的是非，他輕易不宣之於口，保持起來卻又異常確定，不易為他人說動。是「古板」也是「自有主張」。

濟之不是世俗的所謂卓越「天才」 —— 我可以冒昧地這麼說。我想，許多與他熱切的老友不至有何異言。他一生「弄」筆墨時候並不算少，但未曾有過任何種「創作」，即連一首小詩，一則評論的筆記等也似

未有遺留。說他絕不會創作是不對，他一生對於不怎麼擅長的絕不炫露。因他對一切認真，即當少年時期，若在他人有他的那樣好的俄文學類書籍的廣搜博覽，啟發所及，除譯述外總不免抒寫寫自己的印感，何況，他的文章，早有基礎，書也讀過一些，下筆並不困難，為什麼當蓬蓬勃勃的少年期只作「哺飯」活計，不自發揮？這一點正可證明我所說的他那種本性。

記得幾近三十年前，他在北京外交部所設俄文專修館讀書，恰值「五四」運動以後，北平的新文化刊物風發雲湧，成為全國「新」運動之中心。當時，俄文書籍難得有人譯述，尤其是俄國的文藝著作，只有幾個習俄文而程度較高的學生能讀能譯，而濟之便是那幾位中的一位領袖──後來在商務出版的《共學社叢書》內濟之已有譯文。除卻白話譯文外，我曾在他的書房裡見到他用簡明爽雋的文言譯的一種俄文小說（後來未有印本想又改譯白話），即使當時的老人閱過，也許想不到是出自一個青年學生之手。這也是我所見過的他的唯一「文言」文章。

他的為人正與他的性格一樣，和平中正，不肯屈己，不願炫耀，更不能走一點的迂迴道路，或以種種方法手段達其目的。他出身於俄文專校，又有外交部的「大道」。以當時俄文人才之缺乏，從二十幾歲入外交部學習起直至抗戰，雖然按資升調，卻未得在中俄外交界上顯露身手，只是作過冰天雪地的辦理華商事務的領事。與數年的駐蘇大使館的祕書。以他的學歷、經驗及其中文讀書的素養，二十多年「混」得不過如此。或者，有人以為他不是外界的領袖人才，或則以為他沒有應付外交要務的才能，其實，依我想，他還是不會作官，不能屈己謀職。若在西洋的社會政情中，誰說他不是外界的重要人物？

他的為人太中和，太方板，不激不隨，更不會絲毫作中國官的技巧。即使任何官長對他並無惡感，也無不佳印象，從良心上也許說他忠實、沉

重，但對於趨附、變化、利用取巧的言行，都無作法，至多人家給他個按資遷調已經十分不易，以言有所作為，哪能辦到。

當年北京的俄文專修館實即俄文專科學校，以「館」為稱，還是沿著清末的「譯學館」而來。（這譯學館中曾設四科：即英文，德文，法文，俄文是。）在「五四」運動以後，出了兩位特別人物，一即在抗戰前數年死於福建某縣的瞿秋白，一即上月在瀋陽以腦充血突然故去的耿濟之！

他兩位都是江蘇人，都是所謂「舊家世族」的青年。「瞿氏乃常州巨族，耿家原住上海城裡已經數代」。又都是從小時在北平長大的，同學一校同對所專習的俄文有優異的成績，恰好同遇著中國的急遽革新的時代！然而他二位的分途，成就，結束，不但絲毫不同，而且顯然歧異。這不能不說是性格決定了他們的一生，環境當然有關，而性格尤屬主要。如果只用「時勢造成」的說法便難解釋。

瞿秋白是「中共」前期的中心人物，在北伐前後似頗活躍，這是全國內稍稍留心時事的知識分子所共知的，他比濟之大概大二三歲，以家庭的舒適論，他沒有濟之的童年幸福。早年失母，他父親「為人作嫁」，流落他省而死，雖是舊族，家道中落。秋白與他的小兄弟隨著他的一位姨父寄居北平。幸而未曾失學，可是這種家喪人亡的悽慘印感當然在他的幼稚心靈中留下了永難磨滅的傷痕。又因他的個性極強，天才高亢，用文言寫來形容，可說是「倜儻，弸馳」，「有大志而不拘小節」。這與濟之恰成反比。即就他們在北平畢業前後的言行相比，濟之既不能飲酒也不會吸煙，在稍稍多的人群中連幾句響亮話也不會說，更不要說什麼「放言高論」了。秋白則善辯，健談，尤長於分析，評論。煙酒都頗有「量」，令人一見便知不是一個規行矩步，或一生只能鑽書本子的學究。更非平淡循資，對付時日之流。濟之有和樂完美的家庭，生性平易沉靜，從幼小時便沒何等憂慮，難過的刺激。在他讀書期間的生活，甚至畢業後在外交部服務的

幾年，可說靜如止水。只在「五四」前後微微地波動一下罷了。

　　他們是同學同班，故鄉又相距非遙，然而出校門後各人的趨向，活動，卻有遙遠的距離，凡與他二位在青年時識面的，不須到「蓋棺論定」，早可斷定他們萬不會走同一的道路。主要是性格決定了他們的「人生之路」，如果易地而處，也不會有同等的成就。

　　秋白自從畢業後擔任《北京晨報》的駐俄通信員，與俞頌華君（俞君是當時上海《時事新報》的通信員）冒險犯難向革命後的所謂「勞農政府」的國度去後，我們便沒有與他再遇的機會了。那二三年內他雖出版過兩本敘寫俄國情形與他個人的經歷感想的小本子之後（當時由商務出版），即連讀到他的文字的時候也少見了。倒是濟之雖然在俄屬亞洲的二三城作中國領事館的職員與領事，以後調任莫斯科，但每隔幾年回國一行，在北平，上海，卻遇見過好幾次。尤其是在抗戰中約近七個年頭我們同留滬上，見面的時間尤多。

　　濟之一生的確夠得上「溫良恭儉讓」與「彬彬君子」的風度。即在二三知友的談話中，他評論事理與論及私人之處都極穩重，極有含蓄。想從他的口中聽到什麼斬絕嚴切的話殊非易事。這並不是他有意裝點，矯飾，世故太深，怕惹是招非的柔滑態度。我以三十年的朋友資格敢為證明。這是他的本來面目，從並無世務牽累的學生時代到他的四十幾歲，絕無改變。例如當時在北平的熟人多在立學會，辦雜誌，多談辯，爭主張，他對於相熟朋友所組織的學問文化團體一樣加入，也寫譯文在若干新刊物上登出，但一向少表示信仰什麼學說，主張什麼主義，在他的筆下，自然難以見到情感的直接發揮，理論的絕對評判，每逢公共集會，作何討論，他極少說出他的意見，只是十分莊重從事，認真，熱切，但不虛偽，不狂張，不言過其實，也不隨聲附和或好奇立異。

他這等出乎自然的本色，在朋友中，細細比較竟無一人與他相似。他向無「火氣」，莊重安閒，即專講養氣的「理學者」也不容易達到。

只就蟄居滬上的時期說，濟之支持他一家人的生活，老少婦孺，十幾口人完全靠他。縱然他在平日頗能儉約，他究竟是本地人比我們萍蹤寄寓的或者較好 —— 經濟之稍有辦法：但這也只是比較上說，其實他已十分艱窘了。太平洋大戰起，日人的勢力無所不至，物價日高，凡在滬上的清苦自守的知識分子，處境之困，生活之苦，非身經者不悉。濟之與人合夥在上海西區共開一家小舊書店，用了兩個夥計，轉售殘舊書冊，代售文具，聊以度日。但經營這種並無大資金可資運轉的小書店，即有「蠅頭」餘利，除卻用人，開銷之外，所餘幾何？其實他的主要收入還靠譯書。後幾年他每早上譯書三四小時，午後到那爿一間門面的小書店裡當一會並不怎麼在行的「老闆」，東補西湊，每每遇到，一樣也是嘆息，搖頭 —— 這在他已是不恆有的表現了。

抗戰的第二年春夏間，他方由俄京經黑海，轉道土耳其，乘船回國抵滬。那時的上海雖已陷入日軍的四面包圍之中，但由於兩租界尚未為日人奪去，故中國抗戰的文化陣營與各種組織尚能在困厄奮鬥中勉強存在，與日軍作言論、潛力的抵禦，他與他的夫人小孩們到了上海仍住在他父親的舊寓。是年秋本擬去渝在外交部供職，但以全家留滬不能同往，十幾口人的生活當然不是他的薪水所能供給，加上他的二弟（式之）早已入川（服務工程界，對於西南各路的建設頗多效力），可是他二弟的眷屬也在滬上，一樣須他照料。因此種種原因，屢欲起程，未果。

其後便決定與走不了的朋友們一同在滬共渡難關。至於那幾年的窘苦，逼迫，隱避……一言難盡。就是這樣，他經常還可保持他的從容態度，大家偶得聚談，顧及環境的惡劣，受經濟的窘迫，往往短嘆長吁，甚

則瞪目切齒，雖寄希望於未來，難免沉鬱於當時。他出於直感也附說幾句，卻不大看見他有幾次深蹙眉頭，面容苦悴。他每天早上準時起床，安心譯述數千字，午後到小書店中或熟人處走走，（勝利前二年才有那片小書店）每隔個把月或二十幾天便挾著一大包文稿交於開明書店。有條不紊，生活順序，實比我們有時心煩慮，精神上易受激動的高明多多。

他受開明書店的邀請，承譯高爾基的《俄羅斯流浪記》，陀思妥耶夫斯基的《白痴》、《罪與罰》等都是數十萬言的巨作，他以每天規定的時間，於兩三年內俱已譯成。他的俄文知識，自不須提，就看他的譯稿，每行每字整齊，清晰，往往一頁中難得有幾處塗改。這是他一向寫文字的良好習慣，不求太快，不願寫出後再多改動。文字看清，想法想妥，然後落筆，所以能夠文從字順不待塗易。從年輕時我見過他的文稿就是這樣。再則他那種認真工作，不厭不倦的態度最為難能。每晨，伏案，差不多快到午飯時候方才放下筆墨，這種耐心有恆，可以連續數年如一日！日計不足，月計有餘，從為《共學社叢書》譯俄文小說造成死前二年止，經他手譯的俄國著名文人的作品不必言「質」，在「量」上已是驚人，可是他並沒曾有幾年的工夫屏除官務，專事譯述。（在滬時除外）唯其善於安排時間，利用餘暇，持之以恆，便有他人所難及的成績。

中國開始譯述西洋文學，論時期當上溯至清代光緒二十年前後，但能吸收西洋文學的精神，得到西洋偉大文學作者的啟發，而且整部整篇的忠實翻譯，無論如何，不能不歸功於「五四」以後對於西洋文學的介紹。如法、英，以及斯干的納維亞國的名著固然有影響於中國的新文學運動，而啟發與引動的力量，則俄國十九世紀諸作家的著作實為重大。雖當「五四」之前也有些俄文學的短篇或巨著的意譯節譯，（如林紓先生所譯《羅剎雌風》、《桃大王因果錄》、《哀吹錄》等等，劉半農先生所譯托爾

斯泰的短篇小說，陳大鐙、陳家麟合譯的《婀娜小史》，周瘦鵑的《西洋短篇小說叢刊》中所包括的俄名家的幾個短篇。

再前期的是有正書局所刊行的《小說時報》上，間或一見的契訶夫短篇之譯文。距「五四」最近的是《新青年》大型本上連登屠格涅夫的《春潮》譯筆頗切實，但不甚為人注意。）然或擷大意以譯，或雜以言情偵探等分類小說之淺見，或則賞其一事一節的奇突，與原作完整之意象，寓意所在，故難表達。（當然不無忠實傳譯的文字，尤其是短篇。這不過舉其概略言之，前人勞力的開闢工作，我們應該予以相當的敬重，豈可一筆抹煞，妄逞苛論。）何況幾乎全是由英文中轉譯來的，即鄭重譯述也多少不免有所出入。據我所知，從原本仲介紹俄文學的當推耿瞿二位為最早。（當時尚有一二位，如翻譯《甲必丹之女》的賀君，也是他們的俄文專修館的同學，但後來未見續有譯述。）而繼續努力，孜孜不捨，數十年並無間斷，誠不能不以此道的「巨擘」推重濟之。瞿君的譯文合計字數或亦不少，因為他回國以後從事祕密活動，執筆時間自然無多。北伐後習俄文的青年日多，遂有幾位以譯文見稱於世，然開創與不斷介紹的「功臣」，濟之總是一個。

我們現在能不借英法文的轉譯，當能讀到托爾斯泰，屠格涅夫，陀思妥耶夫斯基，高爾基諸「大匠」的巨著，傑作，能不向當年在風沙漠漠的北京中開始以白話翻譯的青年學生懷慕景仰？

他對於俄文學（尤其是十九世紀的俄文學）的研究與了解，其深博的程度，在國內似無幾人可與相比。可是他極難得將俄國文學批評或俄文學者之評論引作論文，有所揮發。除卻在譯文的序言，後記中略有所談。（記得若干年前他在《小說月報》中曾有三篇譯述的俄文學批評者的理論）至於蘇俄文學的譯文殊不少見，高爾基的《俄羅斯流浪記》作時較早，並非高爾基重回其祖國後的新作。

假定我國勝利之後，一切順利，國內安定，文化宣揚——出版與讀書的力量都能充分發達，寫作譯述者報酬比戰前提高，物質供給不至艱難困迫，一天幾千字的勞力可以維持一家人的中等生活。他已經快五十歲了（前年是四十八歲），外交界如不重用他，他專心譯述當能比較舒適，過得去，我想他不會去擔負普通官職。但事實俱在，以種種原因，文化低沉，謀生維艱，執筆的辛勤收入，苛刻點說連一二人的最普通的生活也支撐不了！當此時世，儘管要「高尚其志」，卻難隨心，他只好在勝利後半年隻身遠赴遼瀋，幹著不甚重要的「幕僚」官，為靠那有限數的薪俸。除己用外還得顧瞻在江南的家人。其心中的悒鬱殆可想像。就連戰前多少年他在赤塔作領事，中國駐俄大使館的祕長職位怕遠不如。可是不幹呢？能看著一家人過著更為難堪的生活。我去年未到上海，失掉與他最後一晤的機會！但聽說他於去秋請假回滬到家時，血壓已經增高（他平常血壓便高，身體胖又易疲勞），友人們勸他留滬，不必再往，他仍然轉回那風雲擾動的地方，難道他捨不得？還不是生活的鞭子把他再驅回東北，重複過他那辦公室的日子。終於一朝突逝，死於異地，也幸而是突然斷絕了呼吸，若使纏綿旬日，在清冷旅況中回念已往，回首江南……他那精神上的苦悶怕比肉體上的苦楚加倍劇烈！

濟之長往了！我們不必侈談他首先與一二友人譯述俄國舊日偉大文學作品的功績，也不必多敘他在敵偽勢力籠罩下的上海，如何窘苦度日，埋頭執筆，對國家民族矢厲忠貞。但就他那種「悃愊無華」，溫良恭儉讓的道地「好人」的性情上說，總覺得不但以後難有，簡直可說是不易多得！

不是由於生活逼緊，精神失調的原因，以他對於身體的相當注意，與其從容不迫躁釋矜平的個性，如果國內的一切使人充分樂觀，大家的生活不至這麼苦惱，我可斷言：「即縱有血壓高的毛病卻不會死得如此迅速。」

「五四」之日

　　以改定五四為「文藝節」而言，報章雜誌出應時的文字自然須談文說藝以及與五四有何關連的，這統叫文題相符。

　　我想能夠蒐集文學革命前前後後的若干資料，加以評論敘說的必已甚多，不需我來把筆，今以數處邀約寫寫「五四」之日的經過，不獲已乃抽暇寫此。

　　距今天已經過了二十八個年頭，二十八年！按人生七十說已有十分之四的時間：昔日少年今多白髮，當年插柳，早已成蔭，人生能得幾個二十八年？一樣的草長鶯飛，一樣的絮濛風軟，一樣天安門裡的碧草官槐，東四牌樓的車聲人語。可是靜思深念，從那一年，忽有五四的那年起，挨到今年今日，這期間風風雨雨駭浪飛濤，殺人爭地，國破家亡，百煉千錘，民窮才盡！我們，幸而不幸，幾曾多少經歷過這段長長歲月的少年（世間唯有時日公平不過。虛度過幾十年，在社會上分利坐食負卻當年「知識分子」的空名，撫懷感時能不低頭淒嘆！）無論現在是「高踞要津」也罷，「文章華國」也罷，成了書蠹，變為育人，或東西依附，或南北流浪，或則長埋黃土，或則永閟聲聞，或……當時一世，今又一世！然而各位撫今憶往，雖然榮悴迥別，心情有異，但凡與那個開始的五四算有關係的能毋有動於衷？

　　荀卿有言：「積微，月不勝日，時不勝月，歲不勝時。」由「五四運動」說起，當然是一件大事，也就是所謂「大事之至也希」。可是從「五四運動」以來中國的多少事情，微細的固不必盡談，盡想。而積微成大，這二十八年間有關國家、社會甚至有關於世界的大事，在我們這片古國的土地上所發動的，武斷地說，都與「五四運動」有關未免不合事理，

然而社會的激動，文化的波蕩，人民思潮的洶湧，直接間接，由果求因，我們卻不能對「五四運動」輕心漠視。

若干討論「五四運動」之意義或其影響的文章，據我所記，曾經讀過的已有好多篇了。自定「五四」為文藝節後，研究「五四」與新文學運動的自然更多，我這篇倉卒所寫的文字，只就在「五四」的那一天，親身經歷的為限。

「五四」是民國以來學生運動的第一聲，也是震驚全國傳遍世界劃時代的青年群體的覺悟行動。在「五四」前幾天，學生界因受腐敗政府歷年來喪權辱國的種種事體之激刺，以及媚日借款的惡果，又經新思潮的鼓蕩，風聲播振，早有「山雨欲來」的必然趨勢。不過，那時北京的學生界雖然同心憤慨，並無什麼堅定嚴明的組織，更不曉得應取何種步驟向全國表示出他們的愛國熱情，與震醒麻木的社會的方法。恰好有一個正當題目，即所謂「曹章」向日祕密借款與在巴黎和會上受日本播弄要使中國代表進行簽字的大事件。所以頭一天忽由北大選派代表至各大學專門學校，各中學，言明第二天都於十二點到天安門內集合，開學生全體大會。至於為何目的開會，開會後有何舉動，事先未曾詳細宣布。自然，像這樣「破天荒」的在遜清宮廷的禁城門內廣場上開學生大會向趙家樓進發，可說是頂透新鮮的「新聞」。從清末維新創立學校以來，不但那些循規蹈矩的教授先生們腦子中無此印象，就連大中各校的學生們也是順流而趨，出於自然。或者，主持開此大會的幾位，原先打定開會有所舉動 —— 示威 ——的計畫，不願先廣遍聲明？也許並無聚眾進入曹宅的擬稿？至今我尚不能斷言。不過，據當時身經，卻以後說為是。似乎並無人預先劃定舉動的路線，按步進行，而是由於青年熱情在臨時迸發出來的一場熱烈舉動。

不管歷史作者敘及這段，稱為「義舉」，或是「暴動」，或是「鬧劇」，或是「驚蟄昭蘇」的第一聲春雷，平心評判，像那等動機純正，毫不被人利用，也非宣傳所使的全體自動的「運動」，與後來無數次的青年運動相比，真不愧是開關第一次。

五月，恰是舊曆的清明節候，在北京天氣已然甚暖，學生無單長衫者已多，袷衣者也還有。那時一般大學生穿西服的只是偶有一二，學生短裝者亦極少見。（中學生穿學校制服者頗多）所以在是日十二點以前，從「九城」中到天安門內的學生幾乎千之八九是長衫人。

我隨同校眾散步般地達到集合地點，在各校白布旗幟下，三五成群，有的在晒太陽，有的互談閒話。一眼看去，不像有何重大事件快要發生的景象，而且，平均各校人數到了一半的已不算少，而遠在西郊的清華則及時而至。這個群眾的總數，若以後來的青年運動動輒上萬的相比自不算多（我記憶所及大約共有五六千人），但在當時，忽然有這麼一群學生集合一處，居然各有領導，分執校旗，浩浩蕩蕩，頗有聲勢，難怪引動視聽。於是一般市民也隨著在天安門內外瞧熱鬧，看局勢，奇怪學生們要弄出什麼把戲？要在這紫禁城的頭門口演什麼說？擺什麼樣兒？起什麼關？

剛剛太陽從正南稍微向西偏了一點，於是有人站在高處力喊「開會」，即時高低不一的行行學生縱隊一變而成了團團圓陣，圍繞住彷彿司令臺的中心。我站在靠後點，那幾位激昂憤發大聲講說的人並沒看得清晰，一共不過三五個。演辭並不冗長，可是每句話似乎都帶著爆發力，往往不等那段話說完，從最近的圓周起，齊拍的掌聲層層向外擴展。其實，不需完全把那些南腔北調的「官話」聽得十分明瞭，反正是以痛恨賣國官僚，興兵造亂的軍人，與無能而可恥的當時執政者為對象，而表明每個熱心愛國的青年學生的「赤心」。幾陣劇烈的掌聲平靜下來，忽而高處有人

提議：我們要大遊行，反對在巴黎和會簽字，質問賣國賊的曹陸部長。這簡單威重的提議恰像業已達沸點的水鍋裡澆上一滴熱油。「遊行，歸隊，質問，問問賣國賊！……」異口同音，把天安門內外跟來「看樣兒」的北京人笑嘻嘻的面容頓然抹上一層嚴冷的霜痕。有些老實人便吐吐舌尖向前門溜去，生怕禍害的火星迸上腳跟。

預會的各校學生可說好多都沒預先想到要集合隊伍對當時的堂堂部長有所質詢。當時「遊行示威」尚是極新鮮極可詫異的奇突舉動，我們不要以現在的慣事衡量當年。雖然年紀稍大的學生們當然明白這一天的大會總要有正當的決定，有重大的表示。

我第一次感到群眾力量的巨大，也是第一次沸騰起向沒有那麼高度的血流。自經有人大聲如此宣布之後，預會的青年不但沒有一人否認，沒一人走去，而且立刻各在校旗之下，四人一列，聽從前面的指揮者，按序前進。於是這浩浩蕩蕩的學生大隊第一次走出了黃瓦紅牆的禁城大門，在那時中國首都的通衢與大眾相見。

組織上自不推板，有各校早舉出的代表（記不清大概是每校兩位代表），有指揮員，不過這比起日後愈來愈有規律的學生遊行當然顯得稍稍凌亂。而每個在行列中的青年卻是人人懷著一片熱愛國家的心腸，想把興亡的時代重責毫不謙遜毫不猶豫的擱在自己的肩頭。沒有交頭接耳的瑣談，沒有嘻皮笑臉的好玩態度，更沒有遵行著「例行公事」的存心。至於「不過這麼回事」的那等想法，我敢以己度人，那次的舉動完全無此，人人知道這是有新學校以來的創舉；人人不敢斷定有何結果，鄭重、嚴毅與無形的偉力把五六千人的行列貫穿起來。

微微有西南風，故都中黑土飛揚今尚如舊，不要提幾近三十年前，許多街道並沒有灑上瀝青油或經過壓路機的碾平。漠漠風沙中，只憑清道伕

用近乎遊戲的挑桶灑水，乾地稍溼，一會兒積土重飛。你想，這五六千人的有力腳步一經踏過是何景象？

由前門大街轉向東去，經東交民巷西口（在巷口時大家立了一會，由代表向各使館遞請願書）至東單牌樓，那時已是午後兩點多了。鬧市中行人既多，加上瞧瞧新鮮的心理號召，學生隊逛大街，怎會不引起北京居民爭先恐後的圍觀。記得這一路上街道兩旁佇立列觀的民眾，學句舊小說的形容話：真是黑壓壓地賽過銅牆鐵壁。

「學生們好玩。」「到那哈去呀？」「走的不推板起軍隊──真正有板有眼。」「哈！這一陣子巡警大爺可要忙一會兒。」「巡警幹嘛多管閒事？人家好好遊街。……」「可──不是，這世界上透新鮮的事兒多啦。遊──街，示──眾，哈，這也是示眾呀！」「得啦，您真是會嚼舌根子的大爺！遊街──示眾，難道這是要上菜市口？」

北京民眾的話鋒真是又輕鬆又俏皮，說得不輕不沉，連聽見的被評論者也不會引動火氣，反而微現笑容。

大多數的學生其實並不曉得那兩位聲勢赫赫的總長公館所在，因隨著走去，這才互相傳語是往東四牌樓的附近，並叫不出是往哪條胡同。在前領導的當然是有所嚮往。

「趙家樓，趙家樓，好生疏的名字。」不但在西城南城各學校的各省學生不怎麼知道「趙家樓」是在哪兒，連比較靠近東城的，除卻自小生長北京的青年，也不十分清楚。北京的大小胡同本來數說不清，一輩子的老北京有時被人問某條胡同，不見得便會隨口答出。東四牌樓一帶各大學學生已經生疏，何況是再向東去，轉彎摸角那個冷靜的小胡同。大家走到東城，已被飛揚塵土將眉毛鼻孔抹上了黃灰顏色。空中時有浮雲，太陽也不怎麼明朗，可是燥熱得很，呼吸覺得費事。「上趙家樓，上趙家樓！」不

知怎的，快到目的地了，這名稱才傳遍行列之中。

　　起初，一道行來，並無制服巡警前後追隨，或有便衣偵緝人又看不出。但一到東城情形顯見緊張，稀稀落落在站崗的巡警並未加多，時而有一兩輛自行車由大隊旁邊駛過。上面明明是黑制服白帽箍的幹警，這在當時的北京巡警廳中並不很多。他們雖然像陣風般的掠過，即在沒有經驗的學生看來也猜到定有作用。

　　由大街向東，似是轉過好幾條小街，巷子變得很像羊角 ── 一條狹長的冷巷。原是四人一列的隊伍，因為巷窄不得不密集起來，肩背相摩。（現時的人看到這段定然在心中加以反駁：「既是身任總長，難道沒有一輛大型汽車？四人一列還要密集的窄巷子，那汽車如何出入？這不是有點不近理？」但請記明，那時北京的汽車可真算罕見之物，連上海也無多。所謂要人之流，有一輛自備的華美馬車，已經動人耳目了。）在巷內所過卻少高樓大廈。可也奇怪，由前門至此，大街小街的店鋪，住戶，無不在門口堆上一些老幼男女，立觀學生隊的通過。一進「趙家樓」，如果我的記憶還靠得住，我敢說經過的門首卻是雙門緊閉，巷中也無一男一女佇立旁觀，一片異感在各人心頭蕩動，不免竊竊私語：「也許曹公館有大兵把守？也許一會就有巡警馬隊來捕人？也許早早備好了打手？……」

　　不安的心情有時反而更增加前進的勇氣。如高低起伏的波濤，前面有人在開始喊口號了：「打賣國賊。」「要曹某出來把祕密借款講出。」「衝進他的公館。」

　　也似有人在喊末一個口號，但應者較少，我原在隊伍的中段，與比我大幾歲的一個族姪晴霓並列。忽而前面的人都停住了，又是肩背緊接，萬不會把盡前頭的舉動看清。而指揮者這時也似都在前面，人人不知為何原因？出了什麼差子？也當這時，高喊的聲音起一會，落一會，在驚疑憤恨

中，是進是退，無所適從。有些不耐的青年便從行列中衝出，塞向前去觀察詳情。本來，大家積在狹長的曲巷中，疲勞之後早已引起心理上的煩懣，經此小小紛亂陣腳自然微見鬆動。突然有一陣竹木聲打的響聲從前面傳出，不很劇烈，但明明是衝突了，動手了，誰都可以猜到。學生隊出發時人人徒手，實無竹木可攜。是守門者不許進去下手逐退學生？或是軍警有所舉動呢？非有相當氣力的自然向前衝不去，即要後退，四人一列的兩邊，十分窄狹，更不容易。

正在這時，忽而又一陣大響，於是稍前面有人在喊：「進去了……打……火……」一陣擾動，行列大亂。又有人喊：「走走！軍隊快要開來了，……」「不！衝衝，衝上前去！」

可是前衝的迫於層層行列不易突出。……再幾種雜亂聲音，不知怎的，前面的人強推硬擦，把在後的人層更向後壓。動力所及，人人腳步不易立穩，急流退潮，一股勁地壓下去。在隊伍的末後尚易讓開，或先行奔走，在最前面的已走入那所高門樓的公館。所苦的中間一段，前去無力，後退亦難，反被前方急退下的人猛力擠倒。這才是真實的退潮巨力。在我左右前後的人立時有若干爬在塵土之中，力氣大的則更將在後的推塞一下，乘隙奔去。說是踏人而過未免誇張，但那種凌亂狼狽的形狀，至今如在目前。又多是穿著長衫，倒下不待爬起，衣角、鞋子被人踏住，加上自個急作掙扎，於是衣服破片，皮鞋，布鞋，東一片西一雙，卻並無人顧及，直向後奔。唯一向後奔的原因並不在怕軍警的追逐，而是你若立住，馬上會被前面的退潮推倒，傷損骨肉，或者沒了生命。這種不待思索的保衛本能，使得在行列中間的人們或跌或奔，著實不堪。

遺落在地的以呢帽為最多，種種顏色，正放歪置，無人顧惜，腳踐，塵埋，如同一個個的小土饅頭。

我親眼看見一位的大褂把正襟缺了，一位的兩隻腳卻穿著黑白不同的鞋子。（一隻黑皮鞋一隻白帆布鞋。大約這位還是頗聰明的青年，雖在十分匆遽之中，他明白沒有鞋子不能跑路，且是一個確切證據。寧願緩奔一步，隨手撿得一隻套在腳上，顏色不同總可奔走。）

　　我自己呢？說也慚愧，從實被人向後推倒（層力所及）。覆臥地上幸未被踏，立時爬起，兩手全是黃泥，衣扣多破（那天我穿了一件愛國布夾衫），並且下唇還被小石塊碰了一下，微微作痛。

　　恕我自己不能不把我那位族姪更受傷痛的有趣情狀寫出。（恕我對這位已經去世兩年的人用此二字。）他那時已是大學二年級第二學期的學生了，所學的是商科，平常好的卻是寫草字，刻圖章，他向不急悶，無論有何事情依然故我，這次我們從同一個寓所出來，在同一行列中遊行，也同時被急潮向後推倒，他不像我完全覆臥，因為原站的靠得牆根，恰好有輛載著兩大圓桶的水車停在那兒，車伕不知有此大事，卻因學生眾多不能推行，只好將絆繩卸下，待在一邊看熱鬧，晴霓被前面力壓，一個翻轉，身子向後倒時，上半段被車上圓桶攔住，兩條腿打了空沒落塵埃，可是一隻左手卻碰著桶上的鐵箍，掌下邊一片血漬，痛不暇顧，用舊衣裏抹了兩下，用髒手絹半包半紮的將就著，他把長長的濃眉蹙了一下。

　　「走，咱得快，不要等著踩！」

　　我們就這樣急隨大眾奔出狹巷，因為聲音太亂，那所公館中究竟成何景象，即有退出的勇士他的講述也聽不真切。

　　向來路去，出了胡同沒有幾十步，又到東四牌樓的南北大街。紛落的學生幾人一起，各自走散。我與晴霓仍想多知道一點實情，盡著探問稍後走出的學生。據說：竹木響動是大門的守衛以竹竿向最前面的領導者攻擊，因而惹起眾怒，遂即闖入，有的攻入內院的，頗踴躍的數說屋中有什

麼陳設，說公館的女眷由後走出，學生們絕未傷及她們，那位總長呢卻沒有看見。至於如何起的火也並不知，有的報告僅是被縟被焚，延及室中天棚，一會就救下了。走後，有幾位氣喘吁吁的剛剛奔到的，則說軍警已開到，在那公館裡外沒有走及的已被捕去。

然而街上並沒戒嚴，也無人對學生們追逐，質問，任管散去。

及至我與晴霓乘車走出前門，已是五點多了。

實因被跌出血，身體痛楚，故即時上了人力車，拉到晴霓較熟的一個浴堂裡去。洗一回澡，吃過兩壺釅茶，精神上才感到恢復正常。

坐在人力車上我方知道我那一頂呢帽也丟在「趙家樓」的窄狹戰場上了。

這晚上我們回到寓處正值張燈的時候。有數位加入遊行與未加入的壯談這半天的經過，有的則知校中何人被捕，見我與晴霓回來當然有一番詳問。在這群亂糟糟的交談中，有個原患十幾天傷寒的同學，因病沒有出場（數日發高熱不思食飲），他突然從臥床上一躍而起。

「我的病也好了！── 我後悔沒有到天安門去！」

「啊！難道真有治癒頭風的效力？」晴霓抿著嘴唇道。

「這是場歷史的大事件！今天是壯烈痛快的紀念日！瞧瞧明天的《北京報》，教授們的言論，學生會的活動，給全中國一個震雷。啊！從今天起……中國一定要改了面目了。」

「打酒打酒，喝個痛快。」晴霓忘了手上的血口，向木桌上捶了一下，緊接著「啊唷」一聲，全屋中的人才知道他受過傷。

「好！」一位年齡最高而後來在北京上海出席學生聯合大會的代表，他瞟了一眼嚷道：（如今，他連任某大學校長已有相當的年歲。）

「晴霓還有紀念品？五月四日，我倒要特別的握一握你的傷手。」

「可惜前面的人不鎮定，叫中間的隊伍吃了虧。」

晴霓搖搖頭，悠然的像在唱詩：「中間人不前不後，衝不快退不及，吃點小虧可不失為中堅分子！咱是一個。不信？以手為證。」於是笑聲大縱，連廚役也抹著白圍裙立在門側，凝神傾聽。

這一晚上，凡有學生住處無不議論紛然，情緒激昂。而暗夜沉沉的京城也被「趙家樓」的事件映放出一片曙光。

同時，這片東方的曙光射遍了全中國。

從是日起，揭開了中國史的「新」頁。

朝鮮殘存之集字碑 —— 集王羲之字碑二種 集唐太宗字碑一種

中國之有集字刻碑，自以唐初弘福寺沙門懷仁受唐太宗命集王右軍行書刻太宗御製三藏聖教序上石為始。唐太宗對於二王 —— 尤其是王羲之書法之愛好故事，流傳極多，茲不贅述，即就集字刻為碑文一端已足證明。

除卻唐代的集字碑外，即在朝鮮因受漢文化影響較早，對於唐代的文物風尚仿效甚至早當新羅立國的時代已有集字石刻之存在；不但曾集過王羲之的字，而且也把唐太宗的行書集過。至於以後關於顏真卿、柳公權字的集字碑亦多有之。今參考日人之研考與朝鮮的文獻記述，將王羲之字的集字碑與唐太宗字的集字碑三種，分述如下。

一、鍪藏寺阿彌陀佛如來像造碑

鍪藏寺原係朝鮮之新羅元聖王時所創建。其建創由來，據朝鮮重要史書《三國遺事》中〈鍪藏寺彌陀殿〉條云：

京城之北二十餘里，暗谷村之北有鍪藏寺。第三十八元聖大王之考大阿干孝讓，追壽明德大王之為神父波珍餐追崇所創也。

此彌陀殿內有阿彌陀佛如來像一尊，與其他佛神像。紀述此殿的古碑如《東國輿地勝覽》、《東京雜記》及其他有關文獻的述作，都說在若干年歲以前碑已斷倒，早失所在。然在朝鮮英祖三十八年庚辰（公曆一七六〇年）歲，朝鮮人洪良浩（號耳溪）因宦遊故時遣人到各處搜訪古蹟，廢址荒山，往往有得。漸將此碑之殘斷部分發見，究在哪一年月固無傳記。已發現的碑石置之何處，亦不明了。至朝鮮純祖十七年丁丑（即公曆一八一七年）歲，朝鮮的近代著名金石學者，以書名稱於一世的金正喜（號阮堂），費心力搜求此碑之結果，獲得斷石兩塊。但此兩塊後來竟也

找不到流落何處，就這樣湮沒下去。直到日本大正三年的五月九日，朝鮮日總督府參事官室裡有兩位派遣員金漢睦，中里伊十郎，忽於彌陀寺原址附近，從那座久已沒了碑身的舊碑「螭首龜趺」處找到，且在金正喜所曾發現的兩碑外，更發現了一塊。這真非易於從事的奇蹟。一時朝鮮與日本文化界傳為美談。第二年春間，日本的朝鮮總督府遂將這三塊斷石移入朝鮮王宮的景幅宮勤政殿之廡廊上保存陳列。

　　立碑之由，係新羅昭聖王之妃桂花夫人為王之冥禮祈願，而造阿彌陀佛像，建阿彌陀殿，紀其事故有此碑。幸於殘斷石塊上竟有「奉造阿彌陀佛像一」八個字的殘留，最可證明。也是最難得的重行出世。三塊斷石以第一塊最大，縱二尺四寸，橫一尺八寸，字數頗多。文為：

　　□（原文此處為「□」，下同）守大奈麻臣金陸珍奉　教

　　測氿兮若存者教亦善救歸於□□以雙忘□而不□遍法界而冥立是微塵之剎沙數之區競禮微言爭崇能與於此乎鼇藏寺者迥絕累以削成所寄冥奧自生虛白碧潤千尋

　　中宮奉為

　　明業繼斷鼇功崇御辯運璇璣而照寓德合天心握金鏡何圖天道將變書物告　亨國不永一朝晏駕中宮身罔極而喪禮也制度存焉必誠必信勿之有悔送終之事密藏郁陶寤寐求之恩所以永贊冥休光啟玄禮者西方府之淨財召彼名匠各有司存就於此寺奉造阿彌陀佛像一見真人於石塔東富崗上之樹下西面而坐為大眾說法既覺

　　巉崒溪澗邈迅維石岩岩上有朽壞匠者不顧咸謂不祥□之固正當殿立有若天扶於時見者愕然而驚莫不至國百慮多岐一致於誠誠也者可以動天地

　　□既□匪□□欲子來成□其像則

　　右錄碑文中有加□者，乃《三國遺事》關於彌陀殿記事文中所有的文字，大概係《三國遺事》作者當時引原碑文以證明彌陀殿建造之歷史者。

　　碑文乃大奈麻金陸珍所撰，但不可誤以為撰者即書者。金陸珍是朝鮮哀莊王初年的官員，當哀莊王十年七月曾充新羅入唐之專使。至「大奈麻」則是官階，新羅十七官階中的第十位。當他被派為入唐使的那年已被命累進為五等官之「大阿餐」。

　　不但碑文的字勢筆法是聖教序的形態，還有失落後第一次發現的金正喜在碑側所刻的題志，更是重要明證。其文曰：

　　此碑舊只一段而已。余來此窮搜又得斷石一段於荒莽中。不勝驚喜叫絕也。仍使兩石合璧珠聯移置寺之後廊。俾免風雨。此石書品當在白月碑上蘭亭崇字三點唯此石特全。翁覃溪先生以此碑為證。東方文獻之見稱於中國。

　　無如此碑。余摩挲三

　　復。重見感於原星之無以見下段也。

　　丁丑四月二十九日金正喜題識。

　　另一石亦有金氏題識：

　　此石當左段。何由起星原於九原。共此金石之緣。得石之日正喜又題。手拓而去。

　　這兩段題文俱有「星原」二字。「星原」是翁覃溪（方綱）之子翁樹昆，家學淵源，對於金石文字素有研究。又以金正喜曾於清道光時以朝鮮賀使的派遣到達北京，受翁氏的指導，與翁樹昆亦有交誼。翁氏對古碑帖的考訂一時重望所繫。及金正喜發現這個有歷史價值的集字碑後，喜不自勝，念及翁樹昆遂有慨歡悵往之詞。再則，「蘭亭崇字三點唯此石特全。翁覃溪先生以此碑為證。東方文獻之見稱於中國無如此碑」云云：以翁氏對於蘭亭序文字之功力，閱歷，其發為此論可信絕非金正喜的誇張話。

　　就《海東金石苑》中翁方綱之跋文，談及此碑，謂：

碑行書。雜用右軍蘭亭及懷仁大雅所集字。蓋咸亨開元來唐人集右軍書。外國皆及服習。因流播於當時耳。

又金氏遺著《阮堂尺牘》中答他人書，曾有「鍪藏寺碑果是弘福寺體」十字，乃推闡翁氏評語的餘蘊而有此語。

至於寺碑的年代，所在地，則《海東金石苑》附錄（卷上）所載，謂：

鍪藏寺在慶州府東三十里。諺傳高麗太祖王建藏兵鍬於谷中。因名之云。（出《東京雜記》）而高麗官制邑號。無守大南令之職。則定為新羅方碑。

然日學者之研究，則以此說因高麗……無「守大南令」之職，遂斷定為新羅古碑其證據殊不充足，實則「守大南令」即守大奈麻之誤讀。而《海東金石苑》附錄之著者沿原著者劉喜海之說而誤舉者。

二、興法寺真空大師塔碑

此碑在朝鮮以原州半折碑之俗稱著聞。碑文全以唐太宗之行書字集成上石，乃高麗時代最珍重的金石遺物之一。

碑在江原道原州郡地，正面安昌里靈鳳山興法寺，尚存螭首龜趺。碑身則不知於何時倒斷，故有半折碑之稱。斷碑一時失其所在，後經發見，置於原州之郡衙內。至日本大正二年初夏日本的朝鮮總督府博物館將此碑取去陳覽，今亦在朝鮮故宮景福宮勤政殿之廡廊中。碑身之上部下部尚存，中部多有闕失。上部斷石縱二尺七寸，橫三尺七寸。由此尺寸可約略推知碑身之全高與闊度。

真空大師乃新羅末葉，高麗太祖朝之名僧，法名忠湛，俗姓金氏。其先係雞林望族，大師誕生於新羅景文王九年己丑（公曆八六五年）一月一

日。早別父母，出家師事其父之友長純禪師。及二十一歲受具足戒於武州（全羅南道光州）之靈神寺。其後詣入唐求法的雲蓋禪宇之淨圓大師，虔禮敬叩，棲息浙江禹穴之傍，靜摩經典。曾到北平等處。及新羅孝恭王時由華返國。神聖王對這位求法高行的和尚備致崇敬，待遇優厚，以王師之禮尊之。後高麗太祖即位，仍沿新羅前朝的優待，未曾減損。及高麗太祖二十三年庚子，大師示寂，年七十三歲。

此碑在朝鮮文獻上極有價值，時代既遠，字尤俊美。今以高麗末葉之名儒李益齋所著《櫟翁稗說》證之。

北原（原州）興法寺。我太祖親制其文。而崔光胤集唐太宗皇帝書。模刻於石。辭義雄深偉麗。如玄圭赤舄楫讓廊廟。而字大小相間。鸞漂鳳泊。氣吞象外。真天下之寶也。

李氏是朝鮮有名的學者，對於書文俱富有湛深造詣。由其評論足見此碑文與集字之價值。而《東國輿地勝覽》「關於原州牧佛宇」之條下所記，與此文無異，大約是襲用《櫟翁稗說》。又《大東金石書》亦有同一記述。

碑之豎立年代不易確知，蓋以殘闕失去年時之故。然據《高麗史》世宗太祖二十三年秋七月條下謂：

王師忠湛死。樹塔於原州靈鳳山興法寺。親制碑文。

云云。更由他書考知豎碑之年相當中國五代晉高祖天福五年，即高麗太祖二十三年（公曆九四〇年）。亦即於大師示寂之歲，舍利塔造成後，在塔傍立此碑紀之。

碑文記明係高麗太祖所撰，字是崔光胤奉命集唐太宗之字上石。在下部斷石的右邊尚存「臣崔光胤奉教集　太宗文□」數字，尤足為證。據朝鮮史書，崔光胤係崔仁滾之子。所集字完全行書，大小並不一致，然筆意

則頗暢達雋邁，可謂集唐太宗之大成。對於後代書家裨益極多。

　　書體不外唐太宗所書〈溫泉銘〉與〈晉祠銘〉兩種，凡於書法有研究者一覽即知。好在這兩種銘刻近年國內俱有精良的影印本，尚非稀見。流麗，飛動，確屬對於二王書法有根底而能變化的寫法。至於朝鮮當年獲得這兩種碑拓之由來，從新羅孝恭王初年的撰文可以推定。此是朝鮮忠清南道藍浦的聖住寺朗慧和尚白月葆良塔碑碑文，碑文今尚存。其文有曰：

　　則昔武烈大王為乙粲時。為屠林貊乞師。計將真德女君命。升覲昭陵皇帝。面陳願奉正朔易服裝。天子嘉許庭賜華裝。受位特進。一日召諸蕃王子宴。大置酒堆寶貨。俾恣滿所欲。王乃杯酒則禮以防亂。繒彩則智以獲多。眾辭出。文皇目送而嘆曰國器。及其行也。以御製並書溫湯晉祠二碑。暨御撰晉書一部賚之。時蓬閣寫是書。裁竟二本。上一錫儲君。一為我賜。覆命華資官。祖道東門外。

　　據此可知這兩種碑字乃當唐太宗時因朝鮮那時武烈大王為乙粲奉使入唐，唐太宗以二碑與《晉書》錫予，因之早在新羅時代已齎到朝鮮。所以後來能夠由這兩種上集字刻成真空大師塔碑。至兩種銘字之優次如何是書藝上的研究，茲不具論。

三、沙林寺弘覺禪師塔碑

　　沙林寺乃朝鮮當新羅時代所建的梵刹，早已荒廢。其寺址在今朝鮮之江原道襄陽郡，西米三里雪岳山之陽。碑之首趺尚存，其篆額「弘覺禪師碑銘」六字清楚可見。依《大東金石書》所載此碑之地址，碑文作者是：

　　禪林碑（在襄陽雪山）禪林院弘覺禪師（王右軍集字）兵部郎中金蓮文。沙門雲徹集字。東城縣令崔瓊篆。唐僖宗光啟二年丙午立新羅定康王元年。

　　文中記明是沙門雲徹集字，唯未說集的何種字。從斷碑拓字上看去，知是王右軍的一流筆體，而碑文中尚有「沙門雲徹教集晉」，（以下缺落）晉字下當係王羲之諸字容易推想。

　　此碑立於新羅末期名僧，贈謚弘覺的舍利塔旁，故有塔碑之稱。以當時風尚所在，加以字體相似，其為集王右軍字殊無可疑。且此碑以新羅時代之貞石出名，早已倒毀，碎石失落。至今只有斷石一塊存留，未免可惜。據朝鮮傳說：約當二百年前，此郡郡守將禪林院故址作為郡治，而將此碑移埋郡廳的床下。究竟何時散失，無從考察。直至日本大正二年春日朝鮮總督府通文蒐集金石文字及其他考證書資料，經苦心搜求之結果，於第二年秋間得此斷石移入日總督府博物館。今陳列於朝鮮故宮景福宮勤政殿廊下。其殘缺文字如下：

弘覺禪師碑銘並序

伊林郎兵部郎兼崇文

沙門雲徹奉　教集晉

法本不真□□□達禪宗是故

焉壞道□　□然非滅非生

掃跡於　於忘言之域□利觀字□□

□人也默識天□文該通書史一□□　道誦讀經壇五往海印

寺訪□□□求其勝者參聞

遊靈嶽遍詣禪□□□□岫便欲

教聽者無遠邇湊若雲屯禪師逍年復於靈岩寺修定累月渲器□鑑大師自華歸國居於蒠目山□

崖構塈重建創修月未期而功。

□禪師緇門模範

□□

碑身斷石縱一尺八寸，橫六寸五分許。據石形看去，約當碑之左部下半段，然以中央有刻缺處，遂致弘覺的事例不明。以其他文獻之記錄證之可明概略。且碑文餘存之「該通書史誦讀典墳」，「往海印寺」，「鑑大師自華歸國居於蕙目山」云云，皆具事實之真性。由是推知這位名僧的儒家佛道的具足知識，讀書廣博。而鑑大師自華歸國居於蕙目山囗（此字當是寺字）之故事，乃指圓鑑大師入唐求法共十三年，及新羅僖康王十二年丁巳（公曆八三七年）九月歸國。圓鑑大師名玄昱，原在惠目山高達院結茅修習。至弘覺師事圓鑑事不備錄。

　　此碑之豎立，殘石上已刻明以唐僖宗建元年歲在前，足見是時唐之國勢雖衰，而朝鮮（是時名新羅）之奉正甚謹。（正當公曆八八六年）距今已近一千二百年之久。至碑文集字者雲徹其為僧人無疑，當係弘覺的弟子。以字體看，乃從懷仁所集聖教序中採集者多。無論如何，是一種集王羲之字的難得墨寶。

觀廬筆錄——《赤壁賦》中二語之解

　　清末李詳以善作駢體為時稱重；他的詩也頗有情味。偶而因評論人物記述讀書所見，間有識力，唯不免「膠柱鼓瑟」處；如因評張稷若的《蒿庵閒話》中論東坡〈前赤壁賦〉「壬戌之秋七月既望」。下云，「少焉月出於東山之上，徘徊於斗牛之間」二語，謂「七月望時，日月但對當在『陬訾』，斗牛二宿在星記，相去甚遠，何緣徘徊其間……」，云云。遂又自舉，「……如『誦明月之詩，歌窈窕之章』，當指何詩？如指〈陳風月出〉之詩，則此詩但有『窈糾』，無『窈窕』。若用〈關雎〉，『窈窕』則於義無取。余謂其意當云『誦月出之詩，歌窈糾之章』。首舉其篇，次舉其章。又以避下月出遂改為明月，而又誤記糾為窕耳。此出余之臆度，不知世人抑有別說否？」

　　東坡記丑讀博，似不至將「窈糾」誤記為「窈窕」且「月出」二字不但與下文重犯，如五字連用「誦月出之詩」不唯呆板，而讀音亦不協和。「月出」、「窈窕」皆仄聲，輕重無別。且曰詩曰章，顯有用意。〈關雎〉一篇，可述為詩，且其中「窈窕淑女，君子好逑」只在一章，故不能曰「歌窈窕之詩」。曹操之〈短歌〉出末句「明明如月，憂不可掇」。因是時詩歌鮮以章什為分，故可說為「誦明月之詩」。我想上句並非指的《詩經·陳風》中之〈月出〉一首，下句則顯然引〈關雎〉篇中「窈窕淑女」句以托興感——正不是呆指男女，仍含著香草美人的比法，以思遠人，以念佳士。若如李之解釋「首舉其篇，次舉其章」，一詩以兩句分用，不唯在文理上過於板滯，且一意貫下徒湊對句。東坡之才，寧肯為此？

　　詩人緣情比物，不同於嚴正論文，引典必切，絲毫莫易。若必如此，刻執批正，則杜甫〈北征〉中「不聞夏殷衰，中自誅褒妲」二句豈不亦大

費解？褒姒乃周幽王之妃，以舉烽火誑諸侯救兵為笑者；妲己則殷紂王妃，而與「夏」何關？似應改夏為周，上下句方為切合。否則豈非杜老誤記褒姒乃夏代后妃麼？據詩句細想，可有兩種解釋：

1. 係如舊時某評家所謂，「不言周，不言妹喜，此古人互文之妙，正不必作誤筆。自八股興無人解此法矣！」
2. 是杜老明明知是周幽王之妃，卻因用「不聞周殷衰」於史實勉強比合併不洽切。

周幽王雖因寵信褒姒致引諸侯不救犬戎之禍而失國，然周未因此亡國，平王東遷，終致中興，以言「衰」當不甚宜。固然《小雅》裡有「赫赫宗周，褒姒夭之」，是詩人深惡痛絕的恨語也。明明知道宗周還沒有滅絕，以與殷比至紂王遂以不祀者當然有別。可是有人要問杜老既以為周史與殷不同，則下句何不以夏桀之妃妹喜作對曰「不聞誅妹妲」，此駁甚對。然杜老夫豈不知？不過褒妲連用已熟，「妹妲」則比較生踈，且妹妲兩音，不如褒妲之合拍，且明明示人以此等要典易知易記，引入詩句不須指對的。那末真切如第一說的「互文之妙」妙則未必，可於詩句絕無妨礙。

蘇賦之二句以音論，也是「明」字與「窈」字有互章之妙。蓋「明」為輕唇閉發音，「窈」字為舌尖開發音，如換易為「月出」、「窈糾」試一讀之何等詰曲不順，且於義亦不如分引〈短歌〉以與〈關雎〉為合體也。

《巢經》巢

遵義鄭子尹在清道咸間以詩聞名，雖以不恆外出的儒生聲聞遠著，就連當時一代的文武要角曾國藩也大加推重，想請其出山而不得。鄭詩的確有其清苦深之特色，重開清末的宋詩派的先河，而非他同時與以後的學宋

詩者所能比，除卻意境練字外尤多描繪軍政情況鄉民苦難，讀之使人不止為詩人己身的哀樂所感動，而能擴展心胸抒發國情於社會的群體。這不但是文詞上具有特長，可見作者的敏感與豐富的同情。可是他自己並不以詩作為平生第一要務，他的研經與文字學才是他最下工夫最覺得可以傳世的事業，所以他的詩文集即以《巢經》為名，以志不忘而明其學思所在。

「巢」、「經」二字連用，似較費解，十人而九不易有確切的解說。經上冠以巢字，想像力當然奇特，但有來源。我們還須推重善以「瘦」詩見長的唐詩人孟東野的怪想，他與玉川子盧同以古文大鳴的韓愈，都是好友。在作詩的風格上雖各有所長，然綜合看去都有不寫平常的詩句的趨勢。盧同之怪語奇想以及雜用俗語破除舊古風體與盛行的律體的束縛，在唐詩中獨闢一條道路。韓昌黎則以作文法作詩，大舉奇崛與以前各名家的詩都無同處；雖也有平易清邁之作，可是像石鼎中他的造句，南山的竭力形容，皆能見出他的有意為此的風格。至於孟東野則以苦語峭瘦特易顯出，韓氏對他的稱譽言之甚詳。總之，這三位之詩創作固有性格上的大同趨向，而居心洗刷平凡，要獨立一幟作成當代詩壇上的聯合戰線卻甚顯然。

所以孟氏的集中〈忽不貧喜盧同書船歸海詩〉一詩自稱貧孟已經特殊，又有「我願拾遺柴，巢經於空虛，下免塵土侵，上為雲霞居」四句，孟東野非經師，也不像韓退之以道統自任而尊崇經書，然而因盧同購來，他忽然大發他的奇想，忽有將經書放在空虛處之感，因拾遺柴，（這當然是他的貧寒特色）以柴構巢，以巢了書，不知如何空虛法（放入柴中以柴包護故曰空虛）可能免卻塵侵，上及雲霞，這真是我們的寒詩人的想像，自然以詼奇語發抒他那點憤世嫉俗的素懷。

鄭珍的巢經巢三字，出於這句五言詩作者固奇，不意幾千年後在交通不便，僻遠清苦的遵義，卻有這位經師兼詩人能尋得出這二字為他的書室命名，也為所作詩文集的題名，可謂千載絕響，遇到知音了。

向來以書名巢者多（如室名字名），以經為巢者實鮮。這在舊日或者以為有誣衊聖賢的玩笑意味，以經為巢太不莊重，孰意鄭珍倒是特為推崇經書，才以孟詩中二字以為室名。（孟郊以拾遺柴構巢自是衍有巢氏構木為巢之義。）

元與正

《春秋》為中國以年記史的第一部書，常常見到某公元年或正月的用法。考夏殷建朔似乎不見有元年的稱謂，但建始之月也叫做正月。「元」字「正」字在《易經》上都有，如：

大哉乾元，元亨利貞，蒙以養正等等。至《尚書》中記古代史實用「元」字的尤多。其後《爾雅》解詁字義以為「元者，始也。正者，長也。」要言不繁，足為這兩個字的確當明釋。

杜陵

杜甫詩中自稱杜陵者凡數見，向來注解家於杜陵在唐代之地域說法不一，然以地志諸書所載在今陝西西安府咸寧縣為是。漢地理志云，「京兆尹杜陵故杜伯國」。杜預注《左傳》，唐、杜，二國名。殷末豕韋國於唐，周成王滅唐遷之於杜為杜伯。杜，今之京兆杜縣是。晉代已有杜縣名稱。然杜陵二字則早自漢代已有，亦即古之杜伯國。唯何以有陵之稱？或其地有土阜高出，地非平衍，因有陵名。且《說文》高部：亳，京兆杜陵亭也。據清末大儒孫仲容先生之考訂，以為「亳與湯社同壤一以湯社蓋即古之唐杜，唐聲與易聲古音同部，《白虎通‧義號篇》：唐，蕩蕩也。《說文》喝古文唐從口易，故唐杜通作蕩杜。杜與社同從土得聲，故又曰蕩社也」云云。其結論謂亳與蕩杜同在杜陵，許氏謂亳乃京兆杜陵亭。建

亭或於高處，是杜陵之稱由來甚古。古時以陵名地者《詩》、《書》、《孟子》、《左傳》中皆有之，當時以地名陵，合乎常理。

杜陵因杜甫自稱遂易為後人所知。研讀杜詩者易於忽此，茲引仲容先生之考證附記之，以供參閱。

❯❯ 冒沒輕儳

韋昭注《國語》最稱善本，難字曲意賴注以解。清代汪中（容甫）曾有《國語‧校文》一卷以各本互校原文，間有對韋注匡正改誤處，頗多發明，如

《吳語》中：

「孤之事君在今日，不得事君亦在今日」，注云「欲戰以決之，不勝則服事君，君若勝則為盟主。」

汪校文謂：

「言好則盟，惡則戰耳。恐嚇之辭。注非。」

事君二字古書與左氏傳之時皆見之。韋注則服事君四字不錯，唯揆其語氣確是壯氣質言，如俗語「好在今天壞在今天」與若勝則為盟主殊無當，汪斷為恐喝詞是。

又如（亦在《吳語》）：

「與其殺是人也，寧其得此國也，其孰利乎？」注言「戰而殺萬人，與安而得越國，二者誰為利乎？」依韋注意則語氣明明傾重於後者，即安而得越國為利，因第二句之「寧其」二字作毋寧之虛詞解，故而汪氏則謂：

「與其寧其兩者，兩事相衡擇利而從之之辭。注非。」

則以二語在語意上平列而總以孰利之問語。《孟子》中有「與其殺不辜，寧失不經」之用法，然此一寧字，無代名詞「其」。輕重之意顯然。《吳語》中則「與其」、「寧其」並用，是寧字與「抑」、「或」之義相當，汪氏斷為兩事權衡擇利而從之，語意似確。

又《周語》中「懋正其德而厚其性」句，注：「性，情性也。」汪氏謂，「中按性與生通，內傳曰正德利用厚生謂之三事。」

此校最易瞭然，性何能厚以生為解與《尚書》中語恰合。

唯汪校中二處似在可商，如（《周語》下）：

「器無彤鏤，儉也。注：彤，丹也。」

汪謂「彤乃雕之誤，賈誼書禮容語正作雕」。按雕彤二字固易書誤，但二字連用通行已久。展轉謄書者似不至特誤為彤。「彤鏤」是兩種施於器物的文飾，而「雕鏤」則是一種文飾。「雕」與「鏤」因有深刻淺刻的不同（鏤是刻金器之原辭），然不如「彤鏤」之義廣。原注丹也，言簡而義括。周禮職金所掌有丹青，鄭注云，青空青也，而《說文》丹，巴越之赤石也，是丹即丹砂，李斯〈諫逐客書〉有：

「江南金錫不為用，西蜀丹青不為采」是丹砂以石染物成為珍品，《說文》所謂巴即西蜀，道遠物珍，故非一般人所得用。彤字從丹，丹乃文飾形，明是以丹飾采，具有文飾，為費用大而非儉者，故汪氏校文以雕易彤，似過含混，似以從原注是。

以外尚有一條，即（《周語》中）：

「夫戎翟冒沒輕儳。注：冒，牴觸也；沒入也。」

汪氏謂，「中按：冒沒即冒昧。」

甚合，沒昧古音同，且如原注既牴觸又加入意殊不辭，作一種魯莽形

容為宜。且不止冒昧尚輕淺，蓋謂戎翟之性輕於殺傷，好勇無謀，徒多侵入，並少遠計，戔字平常作輕弱無力解，如「戔然不可終日」按此字即古淺字，戔與戔音戔，小也。故曰戔戔，小與淺可轉解，如：

→ 諓 （諓諓，善言也，又巧讒貌。）
→ 戔 （淺小意）
→ 俴 （淺也）
→ 而 （從戔戔兒惡也）鑯之字如：
→ 讒 （譖也）饞（貪饞）劖（刺也鑱劖）
→ 儳 （儳儳兒惡也）鑯（黎鐵也）。

無論是名詞、形容詞、動詞皆含不深入而有痕象之意，是與戔字互通。故輕儳格即輕淺。汪氏故解今為補及，他日有得當另述之。

▶ 步輦

膠東各縣往往有「步攆著」的鄉語，如問人騎馬來或坐車來？其人徒行則以「步攆著來」為答。似乎記得北平話也有這種用法。步字易知，「攆」則不知何義。又被追急或追人行急亦曰「攆」。如「我攆他沒攆上」或「咱攆不過他」、「快攆」。我於多年前聞人語此則以為是「趕」字的變音，但用於追意尚可若步行自如，以趕為解便不可通，且兩種用法讀音有別，形容徒步行來則以舌尖挑音，而形容急追則以舌尖抵上顎發音，一尖一圓，一輕一重，如誤用之往往令人失笑。

其後見某種筆記，《周書》王朝步自周一句，引黃公紹語，「步，輦也；人荷不駕馬也。」這似是後世帝后所乘之輦的始語。按輦字乃後造字，前以兩夫字挨並，自易會意。周之天子出門走道，自不至徒步而行，除了見諸古書上的輅車之外，不易得知還有什麼代步的工具，然而以人力舁車

或挽或推以為行的東西定然早有，如見於《左傳》中的輿人之誦，見於《孟子》中的輿字與車，自非一物。按輿下從六，是以平槓舁之形，如共舉皆由此義所出。即與興等字其義亦與舁升等有連貫關係。則輿人之輿當以手力舁抬為正詁，上為車形，旁有遮飾，即後代輦形之濫觴。輿人在古既屬專業，若王公貴族之乘此物者，輿人步法必有訓練，前後相銜，易肩逐步後者視前，步步相追，俗語必不呼輿，因輿人逐步趨趕，遂有輦音，沿及近世鄉音未改，或即由此。

》《字林考逸》

文人好名，遂至馳騖聲華，互相標榜。甚則結黨互訐，混淆是非。此皆見諸歷代史籍與稗官野史之中，雖未盡符事實，然自爭名之故，竟至不顧道義，名之為害，令人太息！其在清代，如戴東原以高望名儒預修《四庫全書》，因校輯《水經注》有盜襲趙本之疑，後人聚訟紛紛，各有所偏。但戴氏之名確非尊之者所能掩飾。而近人李詳之《窳記》中亦載江鄭堂（藩）之《漢學師承記》內謂《字林考逸》一書本係丁小雅所著稿本，存任子田處（按即任大椿），子田竊其書而署其名。小雅自作書遍告諸人云云。李君大為不平，駁《漢學師承記》所載之無據謂：

詳案小雅遊京師與子田交最熟，考逸後附小雅之說姓氏粲然。子田輯考逸時廣閱群籍，遂得從容撰集《小學鉤沉》，其勢自易，亦何藉於小雅而為郭象盜莊之舉？無論當時諸老絕無此說，即小雅逝後許周生所作《丁教授傳》亦以《字林考逸》刊入小雅為人校定刊行書內，不知鄭堂當日厚誣兩君何意，余疑有愛憎之見也！

《漢學師承記》雖為後人考核清代漢學傳授之參考書，然其分別系統已不能無比附附會處，而斷論不嚴，竟將私人著述之竊盜事牽涉上，無論

於其書體例不合，此何等事，如無確證豈非誣衊名行，哪可隨筆鋪敘如同斷案？任氏《小學鉤沉》一書對於舊籍鉤稽考核頗費苦心，其得名亦在此書。至《字林考逸》並非任氏要著，何至竊丁氏之稿而稱己作？李君之辨已詳，不俟更考。猖怪江藩自以儒者自期竟在其論述一代師承之大著內有茲誣言，即此一端其書已足使人難於盡信。至對於任氏有何憎嫌，因不易知。李君之疑當非虛語。

古文古字與中古文

漢代諸經古文之學，其來源由於魯共王壞孔子宅所得壁中書，《漢書·藝文志》明言：

> 壁中書有古文《尚書》及《禮記》、《論語》、《孝經》皆古字也。

班氏所記「皆古字也」，字是文之總稱，《說文》「單體為文，合體為字」。然在東漢已將一般文字總稱為文，班氏仍據古稱，故曰「古字」。古字乃指籀文（或指倉頡古文），當時名古文者以其有別於是時通行之隸書之故。至又有中古文之名，則因孔壁諸經後皆獻之於朝，藏於祕府，以中古稱者，或即孔子作《六經》，左丘明述《春秋傳》（見《說文·序言》）所用當時之籀文（所謂大篆），在漢代言，視當中古，遂有此名，足證孔壁中殘篇斷簡必非以周代以前之字體所寫，否則何不徑曰上古文或古文而又有中古之稱！

是時以《尚書》與《禮記》二種為博士所不習者，諸儒皆不能作注。所謂不習徒以字體不同記文與口授的差異，故諸儒不能就新發現者即以注釋。所謂「不習」非東漢諸儒未曾習學過《尚書》，乃對此新發現者「不熟習」之故。蓋西漢初已有伏生授書之粂，如周霸孔安國賈嘉之頗能言《尚書》事，亦出於伏生所傳。不過初由口授，衍為紀文，自與中古文之

壁中書有多少不同。《藝文志》所記：

　　劉向以中古文校歐陽大小夏侯三家經文字，異者七百有餘，脫字數十而已。

　　是所差者，以經文字異者為主，脫字並非甚多。歐陽大小夏氏學由倪寬而再傳孔安國。研究孔安國之學出於伏生。至「禮經」十七篇今文古文之異，今盡見於鄭注中，皆不過字句小殊。

▶▶ 小有天

　　杜甫《秦州雜詩》：「萬古仇池穴，潛通小有天。」舊注引《水經注》，「仇池絕壁峭崎，孤險，其高二十餘里，羊腸蟠道三十六迴，山上豐水泉，所謂清泉沸湧，潤氣飛流者也。」浦注則謂「仇池山在秦州西南二百餘裡」，云云。小有天，或小有洞天，世有佳山水處往往以此名呼之。蓋由洞口上望洞見天光之故。《名山記》所謂「王屋山有洞，周迴萬里，名小有清虛之天。」是杜句以述秦州名勝「仇池」為主，言其清泉遠流，在地內與王屋山之「小有清虛之天」的大洞潛通而已。《東坡志林》據趙德鱗言謂「仇池小有洞天之附庸」真不免附會。蓋如「仇池」是小有天之附庸，何以首句如是鄭重，而小有天反在其次？何況下兩句：

　　近接西南境，長懷十九泉。

　　皆詠「仇池」，並非敘王屋山之小有天，觀此則一詩中之章法主賓顯明有屬，第二句不過襯語，謂其源流長遠，否則奪主喧賓，即尋常詩人詠懷古蹟尚不至是，杜老寧能有此！

〈空囊〉

讀杜詩者，往往好找大題目看，其實杜集中許多信筆遣興，或以瑣事微物托意的佳作，倒能使讀者更易明了杜老的心胸見解。以〈空囊〉一律為例，是詩歷來幾乎不見有人評論，然其涵意之真，用字之切，詼諧中有雋冷意味，殊耐人思。

> 翠柏苦猶食，明霞高可餐。
> 世人共鹵莽，吾通屬艱難。
> 不爨井晨凍，無衣床夜寒，
> 囊空恐羞澀，留得一錢看。

以對句起，見出貧窮之甚，人格之高。用苦猶食與高可餐六字是自嘲語，是沉痛語！而三四句之緊接出人意外。「世人共鹵莽」，不言何事，不加評斷，用共字顯出滔滔者天下皆是，無從匡救。然而鹵莽得什麼，善讀者當然令心有得。還不是爭攫權利，不問所來！下句屬艱難之屬字，即表示應分艱難無足怪了。末二句忽然翻轉，深入一層，囊空尚留一錢，只可看看自足聊自嘲慰。苦辛之言，出於和平。凍餓之音，絕無鬱憤。此是何等胸襟，又是何等高格！眼中一切，直如雞鶩紛紛，徒知爭利爭食……試與韓愈之〈送窮文〉一比，便知高下與胸襟的寬狹了。

詩人用字須煉，然多易陷於奇崛不切，或纖佻生厭，所謂有意為之，吃力不討好也。杜詩中用字無論如何鍛鍊，能與情景記敘恰好合拍，使人無雜奇突兀之感，如：

「回眺積水外，始知眾星乾。」

形容水勢之大，登岸後回眺所覺以星乾二字合用。

拉斐耳的聖母畫像 —— 西洋畫史略評之一

一朝手變爛銀海，唯有十指知艱難。

權奇要非歲月事，作計先須胸眼寬！

—— 一切藝本品之成就當作如是觀

要研究西洋文化，我們都知道不能單從政治，法律，教育，諸方面著手，而拋開藝術類：如建築，雕刻，繪畫（文學作品當然在內）不論。藝術的起源絕不是純由於遊戲的衝動，它有更偉大更切要的社會的意義。

研究藝術不可輕看了時代，尤不可輕看了派別，這其間有許多重要的關連。

評論西洋繪畫，最需要認清的是時代精神與創造的根據。類如明確的摹仿，繼續，分化，獨創的層次，也同中國的畫派一樣，然而明顯得多。

誰能忘記了拉斐耳在西洋藝術史上的地位與成就，誰能不承認他的崇高偉大的精神，與畢生盡力於繪畫的貢獻？

因為我存有一幅他的素描照相（與原底尺寸差不多）便引起寫成這篇文字的興趣。

真正夠到後人尊稱為世界大師的密琪朗羅（Michelangelo）與拉斐耳生於義大利相差僅僅八年。密琪朗羅是偉大的建築家與雕刻家，但同時他的繪畫無一不是劃時代的傑作。他能將雕刻與繪畫合而為一，任在哪一方都表現出他的雄偉、閎麗、嚴重與豐富，可以說一句是「前無古人」。他最早的老師是亥耳闌達特（D. Ghirlandate），到現在，佛勞倫司烏費采中還保存著他的好些早年的雕刻繪畫。他一生的成就在這裡不能細述。現在，羅馬的梵諦岡與佛勞倫司諸古老博物館與教堂中保存了不少壁畫，天花板上大幅的宗教畫。獨創作風，不為古典主義所束縛。十六世紀在羅

馬佛勞倫司從事繪畫的人幾沒一個不摹仿密琪朗羅的作風，但摹仿者雖多，卻鮮有獨特的成就，只不過摹仿他的人物的過渡的勇健，卻沒有他的解剖學的知識；規撫其人物表面的形態 ── 強健的姿勢與舉動，卻沒曾賦與以活潑的靈魂；只在大量的繪畫上去擴充數量，不能與他的技巧相比，摹仿者沒曾想到把任何天才的生命，技巧的一貫，或特性的敏捷安置於他們的作品之中。於是許多作品多陷於一種可厭的形象派（Odious Mannerism）了。

在密琪朗羅的時代，所謂佛勞倫司畫派裡，也還有幾個名家，能不拘於摹仿他人，自闢途徑，有獨立的境界與自由高貴的風格。

相差的年歲不久，有密琪朗羅之偉大氣魄與獨創天才的畫家，便是烏比里畫派的拉斐耳。拉斐耳生於一四八三年，死於一五二〇年（死在羅馬），不到四十歲便已去世，卻遺留下光輝永在的許多傑作在各大城的畫廊之中。（他原名是 Raphael Santi，後來錯叫做 Sanzio）繪畫史上有這位青年，正像一顆群星中的慧星。西洋繪畫中有了他的作品，才真是一切知識的調諧的混合。在別類藝術中，獨有馬札兒特（Mozart）的成就堪與相比。

崇高，偉壯，美麗，莊嚴，凡是繪畫藝術上最難達到的境界，拉斐耳的成就都在他的畫幅中包含了這些成分。自然，因正在文藝復興的時代，他取材多半是脫離不開宗教性，然而他不是只知道膚淺的教義，仿古典派刻板式地線條描畫，與儀式宣揚那種畫法了。他能覺悟人文主義的重要，將神性人間化 ── 態度、理想離不開人間，卻又不失其人物的高貴性。拉斐耳在許多同時代的畫家中所以傑出的由來，絕非僅僅憑仗繪畫表面的結構與筆觸，用色，這些技巧。如果他失去了他的理想，即使技巧高於他人，也不會有千古不朽的造詣。

拉斐耳的身世充滿了藝術的氛圍。他幼小時便聰穎，純潔，陶冶於藝

術的環境之中。他父親吉奧完尼散諦（Glovannisanti）原是屬於佩魯機諾派可尊敬的一位畫家，不過，不幸命運籠罩著他幼年的身心，十一歲時他便成了孤兒。他往佩魯查投入烏比里畫派主要先生的門下學習畫藝。那時，佩魯機諾與所有烏比裡畫派的畫師們都陷入一種定形的形象主義裡，不敢把生動活潑的理想在畫幅上出現。他們雖然驚疑這少年人的天才不同凡俗，卻沒有更好的教導，幫助他即時走上光明的藝術大道。一五〇四年，他第一次往藝術家雲集之城 —— 佛勞倫司 —— 勾留不久，第二次再去，遂作長時的寄寓。

在從中古以來便是藝術之都的佛勞倫司，有許多色奴都（Zeonardo）與密琪朗羅的圖樣，鼓勵起這青年人熱心的研究。不過，他在同時也看到一些先期的佛勞倫司藝術家的莊嚴作品，使他擴展開鑑賞的眼界。過去藝術家中使他最受感動的是馬撒凱（Masaccio）。而在佛勞倫司凡有點藝術造就或專到這城市來作藝術工夫的同仁，他也認得不少。對於畫藝有觀摩與比較的機會，又得到先進者的指示，使他避免故鄉畫派贈與他的「折衷主義」。

一五〇八年，他二十六歲，教皇朱理司第二請他去羅馬作了很多重要的作品，這是拉斐耳之最高名作的開始時期。直到他死前幾年，在羅馬教廷中還有一些尊榮的作品待他完成。但他絕不自滿，不只顧及到自己藝術的完成，同時對於密朗琪羅的作品與古代藝術的遺留都肯深沉研究。他發現自己由種種刺激變成新鮮的發展，所以每一種成功的作品也變成擴大他知識的機會。

像拉斐耳那樣聰明，又能虛心學習，不拘守一時的形象主義，當然會有偉大的成就。

在他早期作品中，馬當娜（Madonna）的畫像很有幾幅，有二幅現在保存於柏林博物館，在形式的對待上，在動作中，都顯然是拘束而不自

然，色彩亦過於濃重，與後期作品〈聖佛朗與聖解洛米中間的馬當娜〉比較起來，相差太多。這張是一種令人心醉的意象，高貴的動作與清麗的金黃色調子配合，又鮮麗，又深沉。此外還有一幅珍貴的小圓形畫也是以馬當娜為題材，後存於聖彼得堡（列寧格拉得）的博物館中。總之，他的第一期最年輕時的繪畫，仍然脫不開佩魯機諾畫派的影響。但在這最先期的末後，一五〇四年，他的傑作〈聖女定婚〉已經變了作風。這張畫十分清潔，色彩的溫暖，配置上的自由，人物的美麗生動，運動的光輝與華貴，很能超過烏比里畫派。一看便知是佛勞倫司藝師的傳授。以這件作品與佩魯機諾派比較起來，拉斐耳的青年成就已經是「青出於藍而勝於藍」了。

拉斐耳寄寓在佛勞倫司四年，已奠定了繪畫藝事成功的基礎。因為在最早期，無論他天才如何高妙，難脫離佩魯機諾畫派的拘束，自到佛勞倫司後，觀摩，比較，啟發了藝術生命的偉大轉向。他將原來從烏比里派得來的微妙的感覺性與形式美，與佛勞倫司畫派之勇健的生命，強烈的特性，調諧起來，女性與男性美的結合，產生出健與美的嬰孩 ── 這嬰孩便是拉斐耳的許多令人驚奇的繪畫。只就馬當娜（聖母瑪麗亞）像說，（因為這是拉斐耳畫材的中心）初期，她的形象幾乎全是清雅的姑娘派頭，及至拉斐耳能調合兩派畫家的美點之後，畫出的馬當娜卻是婦人時代的莊嚴與慈祥了。即在畫法上，形象上，色彩上，這藝術家完全有了活躍的獨立性，再不須倚靠他人作自己的準則。

他以二十四歲的青年而繪畫的成就（無論是在表現中，在動作中），已達到空無依傍遊行自在的地步。佩魯機諾派的拘板，他早已丟開了，就是烏比里派與佛勞倫司派也不能把這位天才卓越的畫家限制得住。直至一五〇八年的中間，他接受了朱理亞第二榮幸的聘請，往羅馬教廷，於是更有機會留下了多少名作。

如果要對這位承先啟後的偉大畫家詳論其作品，那不是容易著筆的，

因為這一張聖母素描，所以我略述拉斐耳作品一部分的奇偉成就。

　　他活了三十七歲，從十幾歲起首把時間精力全用在畫藝上。他離不開他的畫意與畫中的人物，背景，也離不開日夜浮動在他思想中的企圖。他沒曾結婚，也沒曾享過家庭的幸福，這正如大思想家康德一樣。不過康德直到老年，寂居著述，想著宇宙間難以解答的大問題，把性情變為古怪畸孤，是女性的憎惡者。（叔本華對女性的反感尤重，偉大哲學家走上思想的絕路，便難逃出這個例證嗎？）但拉斐耳這不世出的藝術家方及中年便而溘逝，他的畫又有那麼豐富的人性，為什麼對聖母瑪麗亞的畫像不厭，不倦？一生所畫，據現在可查考的已有五十幅之多，固然取材宗教是那時代文學與藝術的風氣，也是自然的趨勢，但像他反覆用這個意象作繪畫題材的，卻也少有。幸有機會，現在義大利匆匆中讀過他好些傑作，然而引起我個人感興最甚的也是他取材最多的聖母像。我們批評很大的藝術不能看輕了時代，尤其是鑑賞問題，當你在一切藝術的陶醉之中，容不得派別的問題與成見的好惡。我們是活生生的現代人，為什麼我們也能對中國古畫動美感？對過去的西洋繪畫，雕刻，佩服它們的偉大？若因此說這是保守，或迷戀骸骨，真是膚薄與不深思的謬論。批評與鑑賞的涵義已經不同，何況即作公正的批評，也不能把時代丟開不論。

　　文藝復興的意義與精神，非數言可以說清，但復興正是想打破中世紀的教會的專權，黑暗的壓制，種種思想的不自由，而想把希臘的黃金時代的解放精神恢復過來。所以這時期以宗教為題材的繪畫顯然地漸漸罩上了人性的面幕，而有理想的追求。

　　拉斐耳一生所畫，如把宗教的題材搬開，我們要看什麼呢？不過他並不把人類生活神怪化，而是將宗教上的種種事蹟與人物使之人性化。這是他的一種理想。無論是雙翼天使的像，或神話性的表圖，由畫中人的面貌

行動上，透露出他們的心意，不是神，是人；是與一般人的情感，智慧相去不遠的「人」。

　　了解這一層，便可討論拉斐耳為什麼畫了這許多的聖母像。所謂聖母像，所謂神聖家族（Holy Families），拉斐耳的心意已經與所畫的人物合為一體。他深深體會到他個人理想的生活，母愛！這是人類最真卓越最純潔的偉愛，人類自由與完美的最高點，也是拉斐耳理想的標準。他沒有妻，沒有子，然而他一生行徑並不像一般藝術家的離奇，放浪。他對於家庭幸福有深遠的憧憬。瑪麗亞的母愛造他自己理想的境界。在他早期的繪畫中，馬當娜如小姑娘般的出現，到後來，變為可尊敬的婦人態度與母性的品格，溫柔，善良，和平，慈愛，在每張這樣題材的畫幅上閃露出永遠的輝光。他用一種天真與純潔的神祕性的迷力吸引住每個讀者。至他後期所畫的聖母像全是單純人性愛的描繪，雖然沒有早期畫那樣在聖母頭上加光輪，或是黃金的背景，卻越能使人感到神聖 —— 這神聖是美麗與莊嚴合一的母性之表現。

　　同類題材的拉斐耳的後期繪畫，開始於在羅馬生活的第一年。現在有一幅存於列寧格拉得題名是 *Madonna di casa d'Alba*，還有一幅在巴黎盧佛博物館題名是 *Madonna with the Blue Diadem*（那聖母的面貌充滿著祝福的慈祥，盤膝偏坐，正在揭開罩帳，左手拍著小聖約翰的背肩）。除此兩幅之外，在英國，德國，與佛勞倫司的畫廊中都有。

　　自來繪畫的批評家無不分外重視他這一期的聖母畫，所謂「構想之高尚，繪法之美麗，構成韻律的完善」。他所以成為世界第一流大師，就只有這幾十幅聖母畫也可當之無愧。

　　又有三張聖母畫，若與在他以前以後的畫家相比，他的成就可說已達到最高境界。

→ *Madonna di Foligno*，一五一一年畫，今藏於梵諦岡畫廊。

→ 〈馬當娜與魚〉（也可名為〈魚的馬當娜〉）今藏於馬達立底博物館。一五一三年畫。

→ 〈西司梯馬當娜〉，一五一八年畫，今藏於瑞士丹畫廊。

這三幅傑作無論當作祭壇後的掛畫，或紀念畫，都有特殊的意義。

第一幅的聖母如上天之後，為群小天使圍住。此外還有幾位聖者。他把天使們的合唱隊變作可愛的童顏的光輪。第二幅，那尊貴的女人像，莊嚴，溫麗，用左手拉住聖嬰，右手撫著嬰孩的胸膛，是最深沉的母愛垂示。托比亞司屈一膝於右側，左手提魚一尾，貢獻於馬當娜，左面聖哲倫姆執書立讀。這幅畫的配置異常勻稱，而且各人的模式也異常調諧。第三幅尤為拉斐耳平生得意之作，馬當娜正立中央，足下滿是浮泛的雲絮，額帔被風吹起，面容在平和中若有深思，神聖，端嚴，令人起敬。右手抱住嬰孩的腰部，左手托住雙足。那嬰孩的炯炯雙目流露出智慧與悲哀的光輝，兩角微微兜起的小嘴，顯示出他的堅定的意志。從目光上已見出他的定命是一個世界的贖罪者了。

聖潔的細克司纖士向上仰觀，有蒼枯面色與密密的鬍鬚。老人與對面側坐的聖把爾把拉她的婉麗，端莊，少女般的風采，是最好的諧和對照。聖母額部微低，面偏向外，雙手交撫，目光輕斂。在這種威嚴與尊敬神態裡顯出她的柔順與誠潔。下面絮雲中有兩個帶著翅子眼光上望的小天使。這幅畫可說已達到宗教藝術的絕頂。它的莊嚴，深沉，畫面的結構，畫意的調諧；拉斐耳是把他最深沉的思想，最祕奧的內省，以及他的最完全無缺的愛合而為一，用最適當的技巧現出。無論時代如何變遷，這幅畫終是不朽的傑作，絕不會受時間的淘汰、拋棄。它所顯露出的不是怪異的神奇，而是充滿了純愛與同情，希望與思想，雖有雲彩，雖有生翅子的小孩。

　　為了談及拉斐耳的聖母畫像不得不略述他的平生以及他習畫的來源。在當時，義大利是全歐精神食糧的寄存處，雕刻繪畫二者派別紛歧。如研究某個藝術家的作品，不先明白他的傳授與所受的影響便不易完全明了他的成就。自然，像密琪朗羅，拉斐耳，具有藝術的天才，如天馬行空並不受他人羈勒，但詳考他們的家世，學習的經過，師友的引導，以及由摹仿而創造的痕跡，這不只可增加認識他們作品的力量，也能證明無論如何偉大的藝術，如何崇高的天賦，總脫不開機遇與環境的幫助。

　　現在的繪畫與十六世紀時相比有多大懸殊，思想，題材，方法，時移世變，現代自有現代性的新作品。提到什麼「光輪」、「宗教性」、「聖母」等等話，如數古董，其非時代感自不待言。但要對某種學問或藝術作深切研究，便不能漠視有歷史價值的留跡。時代既非突變而來，人生的一切事唯能承先方能啟後。「文化」因變革才有進步，變革自有因原，自有其必須變的道理，否則萬有現象都是立地生成，又何有於「變革」？從殘篇斷簡，破壁碎瓦上，可找到證據可以使後人明白進化的跡象，可貫串起文化的線索。文學藝術豈能獨外。一切文藝傑作的遺產不是現代作者可資練習參考的資料，孰能說它們全成了文化的骸骨？

　　至於時代各異，思想與表現方法的另有花樣，那是另一問題。

　　詩人鄭珍的種梅詩句，「唯有十指知艱難」，「作計先須胸眼寬」。知艱難，胸眼寬，是哪類文藝品的偉大成就能破除這兩句「實話」？

　　雖是本文的題外話，但，看到現代的文藝多在「急就章」的律令下當做機械商品的產生，回念那些往日的傑作（自然因環境不同，現今的文藝人少有那末從容的時間與安舒的生活，這問題說來複雜，絕非只是文藝本身的關係），能無「長河漸落曉星沉」之感？

● 附記：

　　寫完正文後尚有一點補充的意思，因為這篇文字但就拉斐耳的聖母畫像敘及，並不是評論拉斐耳繪畫的全般技巧及其時代，故附論於此。

　　關於這位大師的藝術，歷來的批評家各有所見；推崇他的固然指不勝屈，但認他的畫績是平凡，悲觀，空洞，呆板的卻也大有人在。這裡，我可舉出羅司金（Ruskin）的意見為代表。因為拉斐耳一生所畫取材於耶教者為多，羅斯金亦就此評論。他以為拉氏所畫基督的生平是用無風味的裝飾抹消一切，將那些有疑問之驚奇心理與沒受過教育的使徒們如火的熱誠泯沒於古代面具之下（大意）。還有人則以俗人的上帝之母觀念的創始者評拉氏。這顯見出一般富有浪漫精神的藝術批評者對他的不滿。因為拉氏太講究「整齊」、「清晰」、「明朗」、「溫文」，與十九世紀初年文藝思潮的主流不同，所以羅斯金與他的朋友們有先拉斐耳派的運動。他們論義大利藝術最完全高美的時期在拉氏之前，一到拉氏，卻反將神奇變成平凡，將生動變成溫靜，將活躍變成俗陋了。

　　但通徹前後來看，歐洲的文藝線索，以及幾個偉大人物的成績，絕非數語能解，也非僅讀一派的書論所能瞭然。雖說羅斯金的才力、工夫、眼光、文筆，在十九世紀的藝術批評史上造成閎偉的功績，而「先拉斐耳派」的運動是否有利無弊，是否有永久的價值，卻不易草草斷言。以拉斐耳與密琪朗羅比，同是義大利的兩位空前的畫聖，但取徑不同，個性迥異，彷彿舊詩中之有李青蓮、杜子美，唐朝書家的虞永興、顏平原。論成就各具特色，論才力各有偏至，但面目全非，間架不同，因之給予讀者的感興各有各的凝合力。也有人評論拉氏說：他的作品沒有什麼意向與目的，對每一件客觀物象與人物的描繪只是自然而然的，不多不少的用精妙的技巧達出，而鮮有人為的增加成分。類如這樣的評說也難免太主觀了。

　　就以拉氏的聖母像而論，是否沒有人為的增加成分？是否沒有他個人的情調？是否除卻視官的表面美外無內蘊的意向？是否因為作者在用聖母的題材上見出有點低能性和普通性？〔格利門（H. Grimm）的《拉斐耳傳》中曾說拉氏好似有些低能性和普通性云云。〕這豈是只憑一己的愛憎便這樣的「言之匪艱」！自然，在反對拉氏的批評家中真有點博識的還得算羅斯金，不過他與他的友人們所倡導的「先拉斐耳派運動」為利為弊，還待評定。那麼，其他的藝術評論家只是抓到拉斐耳平易溫靜的一點，便大肆鼓吹說他太合適於時代，太沒有自己藝術的目的，太忠實甚至太技巧了，或太無活躍的生氣！拉斐耳在沉雄，奇警，與大膽冷僻諸點不能與密琪朗羅比論，若因此便招致後來的武斷之言，如上文所引述的，未免把藝術看得太輕，太狹；把天才的作品評定得太呆板，太籠統了。環境不同，氣稟不同，其成就的趨向當然不同，羅斯金的說法雖也不免偏歧，但還有他的見地，至於格利門的議論，我總以為言之過當。

　　不求奇肆，不專從浪漫性上揮發彩筆，平實，明朗，溫和，把許多神奇的宗教故事作人性的表現，把靈異以為不可企及的宗教人物使之平凡化，類如上文所論的拉氏一生所畫聖母像，當那個時代，他能獨具慧眼，思路，將聖母繪成一個和祥少婦，一個沉靜慈祥的母親，使人看後，推開神祕的雲幕，想及母性的偉大。拉氏於此可算一位空前的大師，這難道可用「有點低能性與普通性」的輕言足以抹殺拉氏繪畫的偉大？

　　以我所見的拉氏作品，不矜才使氣，精細熨貼，雖當文藝復興期，已開後來寫實主義的先河。他沒有密琪朗羅的雄奇瑰麗的氣力，才能，但他那一絲不苟，一筆不率的藝術上的努力，以及人物的明朗，平實，思想上的一般化，誰能說他除卻工夫便少天才？

　　關於密拉二氏藝術上的對比，真的，不成專書難言究竟。我在上文只是就拉氏的題材之一略為論述。因憶及幾位評論家的文章，故就余紙附言如此。更詳之論，或俟異日。

威尼市回憶錄

 一

　　船過印度洋以後快到地中海了，漸漸聽到船上露出來的消息是關於天氣的：什麼英國還很峭冷，丹麥的雪還沒完全融化……快到四月初了，我們又是剛剛經過煩熱的印度，曾經穿了單衣往遊埃及，船上的人每天享受著風扇與游泳的涼爽，一提到紅海，便竟從那金光晃漾的海波上蒸起一層熱霧，說「有點兒冷」誰都覺得異樣。也許歐陸的氣候與南洋一帶，印度，非洲邊岸不同，但聽見「雪」這個新鮮的字，大家笑咪咪的，不是奇異，卻感著興趣。

　　才幾十天的海上旅程，難道會把各個人向來知道的常識改變了麼？不過，在一個特殊環境中過的時候稍多點，便與生疏的物事隔開了；因隔開而認為新鮮與有趣，這是人間的調劑作用，也可以說是生理的與心理的變化。

　　果然船入地中海便不同了，嚴肅得多。夜間甲板上躺的人漸漸減少，短袖的襯衣也不大見了。及至到歐陸的第一個口岸布林的西時，誰也看明那裡還是初春。穿嗶嘰袷衣正好。海岸公園中的小植物有的含苞待放，間或看見一兩棵濃蔭的綠樹。

　　在布林的西的停泊時起，我們都很歡喜地想，從明天起我們可以在那著名的水城中消磨幾個春宵。

　　「往來時屢改，川陸日悠哉！」

　　不敢說真有什麼「悠哉」感，「時屢改」這三個字可確切不移。二十幾天以前由上海乘船時，冬天的絨衣，艙中還有暖氣管子。到了新加坡我們冒著幾十度的熱度在街市中亂跑。

二

　　地中海的夜間能蓋住薄絨毯。現在在威尼市的水面上，我們的夾西服卻擋不住運河中春寒的料峭。只是在海關的大屋下等待檢驗時微覺得額上有一陣汗。自然，我們沒有私貨不怕查驗，但這一隻大船上幾百位旅客的行李全卸下來，堆積得像一疊疊的小山，鐵手車一輛一輛地拖來，眼睛盯在那些皮箱，筐，提囊上，手裡握著版子的號數，不由不急得出汗。從早九點，船到了碼頭，經過種種手續，快及正午，還沒看見我們的行李在哪裡，好容易等來齊了，託船上××考察團的攜帶，因有中國領事某君遠道來迎，他們的行李免驗，於是我們這漫遊者的一群也省得打開，翻動。你想：快三個鐘頭的罰站，而水城的風物擺在眼前，卻不能離得開，這「情調」不有點異樣？

　　深藍布上衣的老人，斜帶著舊呢帽，在鋼都拉的後尾，一篙點去，我們四五人連輕便的行李便容與乎中流。

　　頭一次到這水城，出了海關，立刻就上了這有歷史意義的「單舸」。看，南方煊耀的金陽；看，晴明中的柔波與樓臺的倒影；看，幾處灰堊牆根長滿了密密的苔蘚；還有陳舊褪色的樓窗中的盆花；義大利姑娘們的佳影……暗水流花垂柳梢檻，遠處淡紅色的宮牆，雄巍矗立的華表，光亮的教堂圓頂，輕輕的春風把輕波漾起疊痕。如鶴嘴似的船頭衝過去，蕩碎了水中密影，於是轉過小巷，投入長街，鑽出穹形的石橋，沿著人家門前樓角，慢慢地顛動著前進。

 三

　　是啊，這裡有水的街，水的鄰居，水上的大道與陋巷。這裡，你再不會聽到摩托卡呲呲的叫聲，也沒有馬蹄得得驚人清夢。不過為了交通

迅速，汽油艇拖著臭味的氣煙從水面飛去，幸而他們得走大運河（grand cannal），那些小支流還得借這曲折如人意的鋼都拉來回游翔。

趨入這古國的第一步，在水面上，我們卻已被古舊的詩的趣味陶醉了。「這像一個現代的都市嗎？」

「否，威尼市不是現代的，這裡比起駝鈴夜響，黃沙漫漫的北平還要不現代化。」

「但究竟這地方是西方的古城，任管怎麼看不是東方式啊。」

「然而在西方這就是近東方的海口古城了。當年十字軍幾次東征，歐洲諸侯們往耶路撒冷耀武時，海軍從這裡替他們費過不少的力氣……還有，說到東方，第一個作中國遊記引起歐洲人的憧憬的也是威尼市人 —— 我們都知道的馬可波羅。」

▶ 四

「噢！馬可波羅，這奇怪的蒙古族的大官，我們倒要看看他的故居。」

「威尼市！威匿司，我們的中學生都已耳熟，這不是《莎氏樂府》故事的傳播力麼？ —— 那令人發笑的威匿司商人。」

「不過有人把這個地方比作蘇州，你們怎樣說？」

「……等著瞧！先不要替自己的地方搽粉。」

無次序的閒談，想什麼說什麼，但我總是沒有話講。當前的光景，盡力搜尋，盡力注視，彷彿這水城上有什麼精靈對人引誘，使得我默默在沉思中，回憶中，飄過夢一樣的水面。

不過一小時，我們已從這「單舸」上下來，安坐在一所小旅館中了。

集中與分散

近來我接到一些外埠青年的來信，從字裡行間表現出他們對滬戰的關懷，與壓不住的憤怒及在急迫中的苦悶。他們都想到上海來幹救國的工作，託為介紹。其中有一位在無錫工廠的小職員某君說，他現在有七元的存蓄，預備到滬路費與以大餅油條充腹可供一個月的費用，情願睡馬路，只要找到適當救國的工作！他並且說，工廠快停工了，他不想回家鄉去，拚了生命與忍受苦生活，但能在上海前線上有所盡力！

朋友們，如果你要覆信怎麼辦？我把這封信看過兩遍，真覺得一腔熱淚卻哭不出來！

我們這「大時代」的青年是我們這古老民族的生命！過去的衰頹了，畏縮了；將來的又太幼小。我們的青年有熱誠，有氣力，有相當的知識，他們都願犧牲一切為救亡盡力！我們的政府，我們的各界領袖，我們的文化領導者，應分如何迅速地，縝密地，給這批愛國青年打一條生路，也就是為我們這危急掙扎中的國家添一批生力軍！無論如何，我們能說除卻靜待軍事的勝利外不在種種方面想持久的辦法嗎！人之謀我，計畫之周無所不用其極，為什麼我們不趕快（除軍事外）講求持久抗戰的種種組織與設施？不要提多少青年，失業徬徨，救國有心，前往無路，即在上海一隅者，大家集中於此，（尤其是知識分子）多半是無事可作，白耗時間，損精神，怎麼辦？

當前！青年的時間應該若何貴重，我們的青年的精神應該若何使之有迅奮的發展！

不錯！大家應該分散到內地去，大家不要以為除卻上前線外便無救國的要務可作，話是這麼說，辦法呢？相當的組織呢？

我們的政府，我們各界的領袖，除軍事外，對這個問題也應「劍及履及」，不要讓熱誠青年的時間與精神白白耗費下去！

二十七年前的《小說月報》革新號

民國十年距今年恰恰過去了二十七個年頭。

這二十七年若用歷史的眼光看去，真是多麼短促多麼不值得使人注意，但在我們這多難的中國，時代越近卻與我們的關係越深。一百年，五十年……無論國際國內的事件，可說差不多都與我們的現時有關。

為什麼單單談起二十七年前呢？

這是由一本頗有短期歷史性的一種雜誌所引起的。

《小說月報》，姑且借用一般話的「老牌」說罷，商務印書館的《小說月報》確也夠得上老牌的稱語。我在十來歲初讀這種以小說為主材的月刊是在清末宣統三年，其實它的創刊還在頭一年（清宣統二年）。我所見到的第一冊是它的第二卷第二期，（那時《小說月報》以六冊為一卷，即半年結束一次。）三十二開的小型版，封面用兩色影印著人物或西洋風景畫片的復製版。每冊約有八九十頁，一律兩欄排列，全用五號字。五號字在當時是極小的字模。每冊內準有四頁或六頁的銅版畫，每冊也分類刊載短篇小說、長篇小說、筆記、詩詞、談片、劇本等。當然是文言的占篇幅最多。林譯正在風行，每期有畏廬老人與人合譯的長篇，我記的那一卷中連載著他譯的《雙雄較劍錄》，還有胡詩廬譯的《孤士影》，誰譯的《劫花小史》。

作的長篇則有指嚴的《醒遊地獄記》……在清末皆以五號印雜誌的當以商務所出的幾種刊物為首創，但如《教育雜誌》、《法政雜誌》、《東方》等，雖然以五號字的頁數較多，而有關議論、主張，甚至小說的，卻以四號字刊出，（如同一年的《教育雜誌》上所登的包天笑作《埋石棄石

記》此篇小說，全用四號，看來極為醒目。而在《東方》上所登的特別體裁的長篇《碎琴樓》，與天遊譯的未來戰爭小說則皆用五號。）唯有《小說月報》用字一律。這個小說月刊直到民國成立的那年初夏（陽曆五月）才改了版型，另換編者，成為很大方美觀而內容頗見充實的國內唯一的定期小說雜誌。原編者王蘊章換成了惲鐵樵，同時也將全五號換成了全四號；這倒不同於後來的刊物，字體愈變愈小。大概是為了仍然保持每卷六期之故，所以民國後那一卷的第一號卻在五月出版。

從民元到民九年，《小說月報》一直保持著大型版與四號字的形樣，其內容大致相同。而唯一特點即是林譯的長篇小說年年繼續刊載。惲氏編了約近七年，再換上舊人王氏編輯。到五四運動後，一時白話文學的流行給中國文壇開創出一種新氣象，商務印書館以出版界首擘的地位，不能不隨著潮流，在所刊行的各種雜誌上添入一小部分帶了標點的新體文藝。《小說月報》於民八九年便已有了這樣的新形式，不過大部分還是文言的與舊體的文章。

民國九年的冬天，商務的經理張菊生與編輯主任高夢旦到北平去與各「新」字號的文人、學社，接洽出版新書事務。那時商務的幾種雜誌需要全盤改革（形式與內容）的情勢已經成熟，而各個新學術團體的著譯新書也逐漸在該館出版，而他們的編譯所中的新人才也努力於這種出版改革運動。是時雁冰先生，他也早在該館的各種雜誌上發表了一些著譯的新文章。因有這種因緣，張高兩位先生到北平時便與「文學研究會」的負責者共商改組明年出版的《小說月報》的事務。

共商的結果頗為圓滿，即在北平立了供給文稿的契約。高先生提出以雁冰負編輯《小說月報》之責，「文學研究會」當然同意，因為他人都在北平，且以雁冰原是該館編輯之故，辦理順手。

到十二月初，鄭振鐸先生催收諸位的文稿凡兩大包，做兩次快郵寄滬。（創作與翻譯的小說以及第一篇論文，都是從北平郵去的，其他，雁冰有一篇論文與他拉的譯劇等是滬上的稿件。）以後，約在每月底或次月初即由北平集稿供給。

以上所述皆就記憶所及約略寫下，但民國十年《小說月報》革新後的第一期，現在已成罕見的舊刊，除卻幾個大圖書館幸能存留者外，不易找到了。

抗戰前兩年我居滬上，曾與《小說月報》革新後的兩位編者 —— 雁冰與振鐸，屢屢談及想要找一份從民十刊行的《小說月報》，可是他們二位都沒保存。至於民十年的第一號更是難能借得。商務印書館中當然有，可是毀於淞滬戰役，當時常為這個刊物寫文章的熟人手中也無存留。本來我有幾近全份，（從第二卷起至那時）又沒攜帶。往往談及，就聽見稍帶惋惜的口吻說：「我還想找個全份，現在連一年的都沒有了！」

我清晰記得，革新後的第一期因被子姪友人索觀，曾有三本後來都無從要回，所以就以自存的《小說月報》說，也缺少此冊。

盧溝橋戰後的第二年春初，我自己未帶走的中西書冊連同衣物都在青市損失淨盡，那原是不甚全的《小說月報》，大該被人掠去成了包油條花生的碎紙。

想不到近日忽從冷攤上遇到十幾本革新後的《小說月報》！本來無意購買，稍加翻閱，攤主人殷殷談價遂即買回放在案上。及至順冊閱目，民十年一月全換成白話體的革新號即在其中，好在封面裡頁絲毫未損，而且敦谷先生所畫的搖籃中的新嬰依然面含微笑，象徵著中國新文學運動的前途。

這一冊的材料集成如上所述，但以二十七年的過去，現在四十歲上下

的愛好文學者，我想或者不易看到這本革新後第一期？因此不憚煩瑣將其中的重要目錄記下：

小說月報第十二卷第一號要目

改革宣言

聖書與中國文學　周作人

文學與人的關係及古來中國對於文學者身分的誤認　沈雁冰

創作

笑　冰心女士

母　葉紹鈞

命命鳥　許地山

荷瓣　瞿世英

沉思　王統照

譯叢

瘋人日記（俄國郭克里著）　耿濟之

鄉愁（日本加藤武雄著）　周作人

熊獵（俄國托爾斯泰著）　孫伏園

農夫（波蘭高米里克基著）　王劍三

劇本：鄰人之愛（俄國安得列夫著）　沈澤民

雜譯泰戈兒詩　鄭振鐸

腦威寫實主義前驅般生　沈雁冰

書報介紹　鄭振鐸

中華民國十年一月十日發行

尚有幾篇作譯目錄未曾寫入，插圖有一張三色版印的〈跳舞〉，兩頁銅版圖題各是〈浴女〉、〈洗衣人〉，全是法國有名印象派畫家德加 Degan

所作。封面畫者許敦谷先生，他方從日本學繪畫、音樂。回國不久，也在商務服務，由許地山的介紹請他畫封面，併負責選印插圖。

就內容與頁數論，在當時夠得上是一本唯一專載新文學的刊物。如《新青年》、《新潮》、《新中國》等。在北平出版的新雜誌，雖則每期總有兩三篇創作或譯述的小說、散文，但只是一小部分。而「創造社」的《創造》尚未出版。《小說月報》革新首先適應了新文學愛好者的需求。

對於這一期裡的文章不必多加評述，但《聖書與中國文學》確是到現在還是一篇罕見的論文。那時周豈明（自然還無此稱謂）的清樸平贍的文學論文，實是領導一班對西洋文學認識尚淺或無綜合理解的青年，使之走上文學的正途。我們知人論世須有分別，以後的如何殊不能抹煞其博學與優美的文章。〈笑〉是一篇千餘字的散文，在當時也當短篇小說看，是冰心早期所作，很美麗很悠淡而文字又極簡潔的一篇。《命命鳥》則以特異的風格，略摻舊式的寫法，在異國風習中烘托出男女真戀的醇美。譯文仲介紹腦威寫實主義之重要文人般生，以及他所作的獨幕劇《新結婚的一對》，在新開闢的文壇上可謂創舉，與《新青年》之第一次介紹易卜生一樣。（般生的作品是時除卻先有一篇名《記者》的劇本在《新青年》刊過外，別的刊物並未介紹）可惜，經過近三十年了，般生的小說，長劇，還沒在中國以漢文印出！

至於耿濟之之介紹郭戈里（即郭克里）的短篇，鄭振鐸之首先譯泰戈兒的名詩，也都是第一回。

在堅明的主張與改正中國歷來對於文人身分的誤認上，雁冰那篇文章確值一讀 —— 至今依然值得重讀。因不易看到它，遂選錄幾段於後，借作本文的結束。

……總而言之，他們都認文章是有為而作，文章是替古哲聖賢宣傳大

道，文章是替聖君賢相歌功頌德，文章是替善男惡女認明果報不爽罷了。這是文學者對於文學的一個見解。還有一個絕相反而同是不合理的見解，就是只當做消遣品，得志的時候固然要借文學來說得意話，失意的時候也要借文學來發牢騷。原來文學誠然不是絕對不許作者抒寫自己的情感，只是這情感絕不能僅屬於作者一己的一時的偶然的。屬於作者一己的一時的偶然的，誠然也能成為好的美的文學作品，但只是作者一人的文學罷了，不是時代的文學，更說不上什麼國民文學了。我國古來的文學大半有這缺點。

……譬如英國罷，英國也經過，朝廷獎重文學後貴閥巨室獎重文學的時代，和我國的情形差不多。所不同者，他們文學者自身對於文學的觀念，卻和我國大不相同。他們卻發見了一件東西叫做「個性」，次第又發見了社會、國家和民眾，所以他們的文學進化到了現在的階段。

文學不是作者主觀的東西，不是一個人的，不是高興時的遊戲或失意時的消遣，反過來，人是屬於文學的了。

……這樣的人的文學 —— 真的文學 —— 才是世界語言文字未能劃一以前的一國文字的文學。這樣的文學家所負荷的使命，就他本國而言，就是發展本國的國民文學，民族的文學；就世界而言，便是要連合促進世界的文學。在我們中國現在呢，文學家的大責任便是創造並確立中國的國民文學。

「我來服役於人，非服役人」。文學者必不可不如此想。

「所以我們現在的責任，一方是要把文學與人的關係認得清楚，自己努力去創造。一方是要校正一般社會對於文學者身分的誤認……」

雖是這一冊上的各種文章到後來有些收入各人的專集，但也有只是印過一次並未再見的，如《鄰人之愛》一篇的譯文即其一例。

　　年光不曾饒人，古代以三十年為一世，少者壯，壯者老，人的一生，三十年不是占了年光的一大部分？即以二十七年前這本刊物上寫文章的人物說，至少，我知道有三位已經長辭人間了！其餘諸位論年齡平均總在五十罷。人事紛擾，世變多端，即不提起「訪舊半為鬼」的心情，而稍具深厚感念者展書一覽可能無動於中！自然，新文學的年年進步，人才輩出，作譯繁多，無論見解，評論，介紹，……今非昔比。可是回想那時以二十許的若干青年人受時代的促進思潮的動盪，唯日孳孳的爭讀新書，力作文章，不管學識經驗是否充足，要以共同的努力為中國新文學開闢大道的志願卻「如火如荼」不能自遏。拋開收穫，但論辛勤，那種年輕的興致或值一提。

悼朱佩弦先生

佩弦兄的去世太突然了！我在早上見到報紙的新聞電時，手顫顫地呆了多時，竟無意緒再看他文。

據說是胃病致死，但這些日子偶見的舊友函中未曾述及，大約以在這個時代有病成了常事，入院就醫或者不大惹起友人注意，也想不到竟爾奪去他的天年。而佩弦就這樣死於秋熱多事的故都，古寺停靈，近即火化，了此一生，遂成千古！人間倏忽，又恰當這個萬方多難苦痛重重的時代，回念舊友，豈止灑淚。

我與佩弦兄之認識遠在民八九年間。那時，文學研究會北京分會每月總開一次常會，至少總有十多個會友聚談，其實並無多少會務，只是藉此「以文會友」而已。有兩年我曾被舉負分會書記之責，每次開會由我召集，每次自己準去，故與佩弦在此時最熟。他生性沉穆，不多說話。雖在北方讀書五六年勉強學來的北京話，生硬中帶出揚州口音，每每說到「兒」音尤為顯然。他不像我與地山、菊農三四人，每好高談爭論。平平的圓面上時常浮出微笑，說話的音絕少高亢，態度和平。雖在少年，卻使人對之有「老成持重」之感。那時，在我的心中總覺得這位先生有點迂闊，這因為我們有些飛揚狂態，所以他在我們的心目中或不免有「敬而遠之」的存念。時候久了，明白他的個性並非矯飾，反將以前的猜測冰釋，自咎冒失。

他不易激動，不多評論，不好表著。可是，就那時說他的社會經驗已非我們幾個常在都市中打發時日的朋友所能知道的了。

他以散文見知於世，固然是〈背影〉那一篇的成功，實則當民國十一年滬上某書局所刊《我們的七月》叢刊中，有他與俞平伯先生各作的〈槳

聲燈影裡的秦淮河〉一文，也引起讀者的讚美。文筆的別緻，細膩，字句的講究，妥貼，與平伯的文字各見所長。總之，在那個時期的白話散文中，這兩篇都頗動人，流傳甚速。

當他與李健吾兄一同出國的那年，也是八月初旬，他一人由北平赴滬。忽然高興，乘船經過青島住了兩天。楊今甫兄是時正任「青大」校長。我由他處假中歸來，一天午後三點，今甫與他同到我的寓處。久別晤談，自然高興。遂即同往匯泉，沿著海旁沙灘閒步，佩弦頭一次看到這樣濤明波軟的浴場，十分歡忻。我們在一所咖啡館裡談到傍晚散去。第二天我與今甫送他往碼頭上船，回時，在車中談及普羅文學之是否成立。朋友聚談之樂令人嚮往。

抗戰期中他在昆明，也同其他靠書筆為生的人一樣，備極艱苦，常常聽說他的孩子們連襪子也不穿。生活之困給他不少打擊，自然，他那向來柔靜的性格確也因受到切身鍛鍊而能更見堅強，比他的少年時期迥乎不同。

戰後三年，他零星發布的文字篇數不少，多係評論文學之作。從他的新作裡見到他的思想更趨向平民化，他的文藝主張更趨向普及化。他提倡切合農民型的作品，提倡有力的詩歌朗誦。

但這麼一個忠於所業，明於文學分析的文人突然逝去，是現代中國文藝界的損失，也是多少愛好文學青年的損失！

至於友生的感嘆，惋悼，更毋庸說。

他的著作、思想、文章的風格，將來自會有人論及。我匆匆寫出這篇短文以表微意，故不及此。

三年來，當年老友漸多物化，論年齡多在五十歲左右，而又不是平常疾病纏身的。這是否與生存於現代中國，因精神物質的生活兩俱窒壓的關

係，不易斷言。而今日男女老小易病，易死，卻是普遍現象！文人有敏感，有疑念，也許另有其促死的原因，總之，若時值安平，大概他們還能多活幾年，多留下幾本佳作？

打不起精神再寫下去，以此聊付編者。附錄古詩十句，借達哀悼。

親友多零落，舊齒日凋喪。
市朝互遷易，城闕成丘荒。
墳壟日月多，松柏鬱茫茫。
天道信崇替，人生安得長。
慷慨唯平生，俛仰獨悲傷！

恰恰是三十個年頭了

恰恰是三十個年頭了！

一九二〇年的冬季某日黃昏後，在黑沉沉的北京東城的極東，距高大城牆不遠一個胡同的小院落裡的南屋裡，窗前一隻長方形的木案上擺設了幾大盤的花生、雞蛋糕、糖果，很明的電燈耀著那些各種顏色的食品發出亮光，像是有點喜事，或招待什麼客人。

那時代，北京偏僻胡同裡沒有路燈，往往找門牌的生人得借人力車伕的小油燈向人家大門旁邊去細細地辨認那些藍底白字的門牌。

這家人家的南屋算做客廳，居然在溼地上還鋪了一層草蓆，白壁黃席便顯得較為潔淨。木案的左右幾把圈椅上隨便坐了五六個青年。他們有的穿長袍青馬褂，有的則是藍布罩袍。雖預備下香煙，能吸的不過半數，點心糖果沒人動手。主人 —— 這房子的主人，矮身個、小胖子，穿著還不舊的羊皮皮袍。他並不讓客人吃，似乎客人們也不需讓，因為他們自己湊起錢來買的東西毋須客氣。

最可怪的是他們在這個寒冬明燈的屋子裡，一例都沒有吃得下的食慾，雖然那五六位沒有一個過二十五歲年齡的。

也似乎不像些青年人，這晚上他們的面色沉沉地，都提不起平常時高談闊論的興致。

「你快譯過一半了罷？」一個大眼睛有希臘人鼻子的紅紅面孔的（那時他還沒帶上近視鏡子）向矮胖的屋主人問話：「那一大本《獵人日記》。」

「還得半年罷，學校剛剛考完，我又被派到外交部去，還不得上班下班先做外交的練習生。」青年主人的答話。

「《獵人日記》？可惜我從英文選集只讀過一篇，文字真美。」坐在長案一端，帶著金絲腿鏡子的清瘦青年摻入了這句。

「屠格涅夫的藝術名聞一代，十九世紀的俄國有名的文學人物，他與托爾斯泰走的路全不一樣。」紅面孔的便申述他的評論見解。

正談到這裡，聽見拉大門的鈴響，坐中有一位突然站起，「來了，來了！準是他——秋白。」

及至新來者邁進客廳，把手套、圍巾搭在一隻手上，頭上是高高的土耳其式黑絨帽子，穿了很厚呢大衣的，卻不是那一位喊出的秋白君。

「少與，我們當是你不來了呢。大家早到了，只是等他。咱給他送行的，想不到你也來的這麼晚。」

新來的少與笑了笑，用學得生硬的蘇州腔的北京話道：「好遠啦！還是僱的黃包車，在路上一直有半點鐘。怎麼？……秋白一定很忙。」

「那能不。明兒大早上就上車——他這一去，真的與大家隔遠了！」屋主人平日不好多談，這時自然有點興奮。

「哎！你記得罷，遠在天邊，近在眼前——遠是遠，他去的這個地方豈止遠哩……」另一位長髮垂到耳後，說話沉緩，帶著福建口音，在這一群人裡比較大兩歲的一位這樣說。

大家聽他說的頗有「哲理」氣味的話，都想不起怎麼向下接談。燈光下他們互相望望，有的便把帶來的新出版的雜誌攤開來看。

一陣北風捲起沙土小石子打在紙窗子上嘩啦啦地響著，偶爾從風聲裡遠遠傳來了串巷子說書人三弦的淒切輕音。

約摸又過了一小時，他們專在那兒等待叫做秋白的方匆匆地從夜風中衝進。一身西裝衣服上抖滿了街塵。剛走入客廳，他立即摘下眼鏡用手絹擦抹，高亢而迅利地說出他遲到的緣故。

「明兒早上幾點？」有人直截問他。

「六點半，天還不亮哩。」秋白的面容又瘦又蒼白，與胖胖的屋主人青年恰好成一對照。但他們是一個專科學校中很要好的同班，又是最近同畢業的兩位精通俄文的青年。

「不必客氣了，您走罷！您走您的遠道，我就不再上車站。」一個高身個頗顯魁偉的北方人這麼說。

「誰也不必送，哈！送麼？也就是東車站，這隔赤塔還遠得很呢。哈哈！」秋白總是滿不在乎地灑脫神氣，雖然明兒大早他要開始走上現時極少中國人願意去與能夠去的國度的長途。

「太冷！太冷！不要說現在的莫斯科，一到哈爾濱就冷得夠受。您雖有皮大衣，可是身子骨……」一個送行的青年的顧念話還沒說完。

「冷？我看北京也夠數。到更冷可也更熱的地方重新鍛鍊一下，秋白這把瘦骨頭準會有抗冷的本領。怕冷的還能去！話是一樣，要找熱的他才能去。」紅紅面孔有希臘式鼻子的一位激動地說。

秋白一到之後，香煙氣立刻在屋子中噴發出來，還有一兩個也陪著他一同吸。談話在斷續中進行，把以前的沉悶打破。但大家卻不多談這個遠行人到了那邊怎樣做通訊的工作，怎樣明了那個舉行過空前大革命國度的情形。因為現時迢迢的鐵道還不能夠無阻礙的暢通，而在邊界上如何度過一時也無從想起。總之，對這個消息疏少的大革命後不久的國度的情形，他們也只是從報紙雜誌上略略知道一點罷了。

自然，這一方的話便不易多談，而且大家雖然都抱著歡迎新時代曙光的熱情，可是在給他送行的前夜，反而對本題找不出多少話說。

他們帶著佩服與羨望的心理，望著秋白。至於在那個大國的空前大革命後，負有人民使者任務的青年，預測他的未來，誰也不能有什麼斷語。

他們拉雜說到上海北京的新文章，說到由南方來明天與秋白同行的某報館的特派記者……還是被送行的人，他的精采勝過他那瘦弱的身體，說話又快又響亮，像一切困難一切顧慮都不曾掛在心上的，老有經驗的戰士。縱然有點疲勞，他一樣還把精神提起。

快近十點了，風吹得更大。他們有的住在西城，路那麼遠，也得給這被送行的人得到半夜的休息。於是微感黯然卻又同懷著壯旺的心情下，他們便在這所房子的門前冒著嚴寒的北風，一個個緊握住這位勇敢活潑的青年人的手珍重道別……於是，每個與會者各懷了一顆熱烈又是沉重的心由黑暗中分別散去。

一九二〇年十一月，瞿秋白君頭一次到蘇俄（那時都稱蘇聯為蘇俄），也可說就是中國的知識青年頭一批踏進了十月革命後剛滿三年有點「謎」一樣的勞農政府新國度。與他同行的還有俞頌華君，俞君是擔負著上海某報的通信記者名義到蘇俄去的。

後來俞君由蘇俄到德國留學 —— 他不通俄文。瞿秋白便在蘇俄住下。

秋白是江蘇的常州人。常州在清代原是所謂「文物之邦」，可是秋白自他的童年便經過了一些的流離，漂泊。他的家庭生活，到現在大概沒有幾個人能說得十分清楚罷？他父親是一位遭遇苦惱，一生中不很安定的舊讀書人，晚年 —— 甚至可說從中年起，就在山東過活。是那時的讀書人的職業之一，大概是過著所謂「遊幕」，一直住在濟南。秋白一家零落，雖說瞿姓是常州的望族。可是他家傳到他父親一輩明明是在沉落中了。他十幾歲便隨著他的叔父住在北京，他的叔父在法國讀過書，服務於京漢鐵路局，幹了多年的中級職務。我在北京學第二外國語，學校中便請這位給我們教課。秋白與小弟弟同在他叔父家裡做苦讀的學生。到五四運動的那年他已是北京外交部屬俄文專修館的最高年級的學生。

耿濟之君與他正是同班。

他們二位在新文學的萌發時代，為介紹俄國作品 —— 如托爾斯泰、屠格涅夫、契訶夫、果戈理 —— 卻給中國以後的新文學創作上打下了良好的基礎。

那時在全中國找不到多少對俄文與俄國文學能夠作介紹的工作者，北京俄文專修館是專為舊日外交部造就俄文人才的專科學校，教授精勤，語文兼顧。加上瞿耿二位的中文程度也有根柢，又都嗜好文學，所以這自然的給中國那個新時代打開了廣泛介紹十九世紀俄國文學的先路。（除瞿耿二位，俄文專修館內還有賀汝欽，安壽頤，曾譯過普式庚的小說。但賀安的譯文只是當時共學社出版的兩本書，以後便再不見他們有繼續的譯述文字了。）

這裡我還可以附帶提及，曾有兩種刊物當一九一九至一九二〇年中都有過秋白的文章（譯作皆有）。一種是折疊式的小型刊物《新社會》，記得印行二十多期。是半月刊罷，許地山，鄭振鐸，還加上瞿耿二位共同編刊。秋白有些短文就在這上面發表。還有一個《曙光》，是五號字印的每月雜誌，我也是這個雜誌的發起人與作者之一，秋白有兩篇譯文登出。可惜這兩種刊物從好多年來就找不到了。

當一九一九年五四運動之後，北京的新型刊物對於俄國十月大革命的前因後果，以及勞農政府的建立，馬克思主義的學說，蘇俄的新情形，都或多或少予以注意，並且盡可能地找外國的資料譯為中文。明知當時蘇俄是在各帝國主義國家的包圍之中，以俄文新印的刊物難能傳到中國，一般人又不習俄文，所以只好從英法的報紙雜誌上搜求。有兩種英文定期刊物，即《民族》與《日晷》比較是常常介紹新俄的情形。固然在報導評論中不免帶出資產階級的偏見，但從這兩種刊物上究竟可使中國的讀者多少

知道點大革命後的略況。記得我總是在每一期上注意有無談論或敘寫這個嶄新政治的我們鄰邦的文章。李大釗先生以主持北大圖書館的關係，見到刊物較多，而那時北京的各個學社與公共社團內更沒有北大時常收到的外國期刊的數目。再則李先生既是《新青年》的長期撰稿者，他更熱心於倡導新的文化運動，為人誠懇，敦厚，雖然比起我們的年紀大十來歲，但投有一點學者的高傲架子，也不覺得自己是夠得上做領導的人物。與學生青年討論，研究，謙和可愛。因此北大圖書館館長室在那幾年中可說是新文化臨時俱樂部。找新書雜誌的，商量會社事務的，想解答問題的，談文化上一般情況的，差不多每天都有些時代的青年在那裡，小型會談也借那館長室外間舉行。所以當時提到北大圖書館與李守常先生，凡從事新文化運動與從事寫作的青年幾乎都極熟悉，並不分北大的校內與校外的學生。

秋白與守常先生自然也有來往，他雖然對於舊文學早有素養，對於新文藝有努力推進的熱情，可是他更熱心於整個社會的改革事業。他早已注意那時暮氣昏沉，一切不平等不進步所造成的社會現象。他對於社會主義早已扎下了強烈的信心的根子。恰值北京的《晨報》在提倡新文化的傳揚工作下，想有人能做新俄的通信記者，秋白方畢業俄文專修館，以他的才能、文筆，高等求知欲與熱烈地想研究新俄一切的心願，當然是最最合適的人物。他不肯為照例的職務絆住他的身子，他那想改革社會的志氣更不願只在文字上消磨，所以他就接受了這個通信記者的名義以及送給他的旅費。與俞頌華君結伴在隆冬風雪的北京開始踏上遼遠的道路，往隆冬風雪更甚的工農蘇維埃國家去。

他定日啟行之前曾往濟南住了幾天，與他的父親見面，後來在他那本《新俄國遊記》裡敘述出來。時代不同，三十年前，當蘇聯十月革命後只有三年，道路那樣難行，中蘇並無新的國交，入境手續如何，到後如何，

如何通信等等⋯⋯都是不易先知，不易解決的問題。西伯利亞一帶通往俄國的鐵道經過損壞還沒完全修好，不要說以前並未到過的人，即是熟於一切舊地重遊的一個外國人，又有幾分勇氣能夠奮然毅然地踏上征途？

在這迢遠的路上經過一些麻煩，好容易到了莫斯科，那時候的心情，那時候他自己的壯志，熱感，我記得在他所作的《新俄國遊記》與《赤都心史》中一一寫出，尤以後一種寫得更為活潑熱烈。明明是一位從東方古國身負了沉重的擔負，為嚮往一個更合理的社會，向暴風雨後初見晴朗的新國度而投入的心情，回顧東方，這沉沉昏暗，內侮外迫已經是到了不能再支持下去，而且受著歷史重壓下的舊邦，一切制度、風習，一切思想、學術，一切的深汙的舊染，都到了個「咸與維新」，重行全盤改造的緊要關頭。他就當這個時機首先往那冰雪皎明艱苦奮鬥的新國度中投入！⋯⋯這份熱情與對於新時代的辨識，以及迎上前去的決心，都從他的筆下傾瀉出來。這兩本書內有好多段便是有熱有光的，永遠年青的，不須修飾的好散文 —— 也就是偉大的詩篇！

可惜他這兩本少年的著作出版後銷售不久即被禁止，以後未曾再印流行太少，極為可惜！

以後在一九三〇至一九三三年他潛寓上海作地下工作的時代，與魯迅先生時常為文提倡唯物觀的左派文學運動，翻譯與寫作明犀銳利的理論批評文字，在各個新刊物上發表出來。給十幾年來的文學改革運動以明白正確的結算；給大眾化的工農的文藝奠下了初步的良基；給那些迷離、動盪的小資產階級的文藝論者一種清醒分析的指示；給右傾於封建勢力與資產階級的學者以嚴正的批判。這個時期是他再一度以靈活筆姿為革命文學而盡力的時期。他用宋陽、易嘉等化名發表文章，以他那種文筆在上海文壇上當然容易惹人注意，不過真正知道是他所寫的也只是文藝界的極少數人。

那時的左翼文壇他是一個重要領導者，但關於這些已往的情形現在身與其事的熟知者大概是愈來愈少了。

　　我對於他在北京俄文專修館畢業前後，也就是中國白話文學運動與五四運動的前後幾年較為熟習，至於他從蘇聯歸來，以及在中共裡負重大任務與地下工作的時期，我不多知悉。當然有些人可能道出。記得在一九三五年秋天，《國聞週報》中有一篇說是得自秋白被殺的那個小縣城來的材料，頗詳細地敘寫他的從容就義與死前所作的文字，還有兩首舊體詩，這倒是極不易見的資料。但自從《國聞週報》登過一回卻沒見有人收輯下來，不知那篇文章的資料是否完全真確。但我記得就那兩首舊體詩來看，頗像秋白的口氣。現在我的存書經過抗日戰爭期間全部損失，連這本刊物也丟失了！

　　秋白是一九三五年六月十八日以不到四十的年齡，辛苦奮鬥十幾年，把生命殉了主義，殉了黨！屈指算來，到今年恰好是十五個週年。他活到如今才五十多歲，正是幹練有為的時候。可惜他等不及見到中華人民共和國的成立，等不及見到全中國大陸都被解放，與以工人階級作領導的新民主主義的專政，便在十五年前的中國福建的一個小縣城中告別了人間！

　　但他的勇敢堅強的意志，開闢大道的精神，以及堅定的信仰，辛勤的工作，可也「長留天地間」給後人以無限的景慕與不忘的記憶！

　　至於他在倡導無產階級的文藝運動上給當年中國的左翼文學打下了堅實的基礎，這只是他短短一生中的一部分成績；但只就這份成績給予評價也是輝煌扎實，永久不能磨滅的。

　　去年文代大會在北京開過後，成立了全國文協，文協借中法大學禮堂開會的早上，我看見講壇上高掛的兩面巨幅油畫像：一邊是魯迅先生，一邊是青年的秋白，我不禁凝視著記起了好多舊跡！這兩位自五四後在文藝

界中的拓荒者不屈不撓，同走上光明大道。雖以年齡不同，處境不同，寫作的多少不同，可是到現在，他們的功績，他們的成就，他們的認識與苦鬥，如日如星，光輝不滅。單就文藝的一項而言，已經如此，他們的評價又何待贅言。

寫到這裡聽著中夜的喧濤拍打海岸，有節奏地一陣一陣像奏著雄壯的進行曲，唱著爭自由的高歌。

六月之夜的清空，皎月流光，眾星明繞。

社會主義的花朵快要開放

　　七月五日的下午，正如去年九月十五日是一個極不平凡，值得中國人民永遠記憶的日子！這是第一屆全國人民代表大會第二次會議的開幕日，也是李富春同志向來自全國各方的代表們作「關於發展國民經濟的第一個五年計畫的報告」，一個偌大的會場，一千多位代表們全被這個具有劃時代的，促進中國走入社會主義社會的長篇報告吸引住了。大家隨了他的宣讀逐行逐字地默讀下去，我相信大家在眼前所看到的，所感到的當然不僅是白紙黑字的書面，也不僅是從種種比較現在、未來的數目字上帶來的欣喜，還有的是一片設備完善、煙囪林立、機械喧響的新型工廠；廣闊無邊黃綠光彩相間的農田上各種耕種收割的農業機器，憑了熟練的機手運轉，正在平原上縱橫馳騁，而逐漸發展成的集體農莊的建立，與農業機械化配合起來，給過去的小農經濟顯出根本的改變。此外多少荒原，鹵灘變成了肥沃良田，多少高山深谷，原是渺無人煙的地區，鐵路與公路都已通達，交通上有空前的成就，黃河水災能以科學建設的力量予以控制，大小川流都可利用起來，對水利與水上運輸增加了強大的力量，還有其他種種必有的豐盛形像在我們的眼前開展。當然，無論哪一位代表誰也不會放鬆對於報告的聲音與放在桌上的文件，但也難以自禁地會在同時預想到也預見到社會主義建設中的美好的遠景！

　　說是「遠景」但在全國人民的興奮中，快樂中，希望中，從各個不同崗位上的努力中，也就是大家一致為了實現這第一個五年計畫的目標，勤勤懇懇以無限愉快心情而協力工作中，幾年的光陰是不會覺得怎麼長的。即以三個五年計畫時間來說，即以更為完美的「遠景」來說，十多年何嘗太「遠」。我們的常語「人逢喜事精神爽」，在欣喜爽快的精神下，工作起來只是感到時間不夠，而不會有時間拖長，或延緩不前之感的！

就在這次會議上聽過李富春同志報告後，各個代表組的討論情況來看，我就直接地感到大家為了我們這個第一個五年計畫的草案而有難於形容的快樂心情。這不但是青年，中年的代表們如此，那些白髮、長髯的年老代表們一樣是興致勃勃，盡力出席討論、聽取解釋；好些科學工作者，文教工作者，以及各方面的代表也都極感興趣。在討論中，述說感想中，商討實施的情況中，或在各種技術的問題上，熱心研求，希望得到更進一步的了解與對計畫草案的求全態度，這可說是每一位代表的共同意願。

大家一致有這樣的共同意願，有這樣高度的熱情，有這樣對於這麼巨大而內容豐富包括各個國民經濟部門的計畫，而又是數字繁多，看來比較吃力的文件，無論老少、男女卻一例地費心鑽研。這是勉強能行的嗎？若是沒有大力的鼓舞就會具有這種嚴切的責任感和不懈的熱情嗎？

不錯我們注意的是現在和未來，尤其是更為美好的未來，但歷史是連續下來的，是因情況不同，值得比較的。過去固然過去了，該埋葬的埋葬了，該衰落的衰落了，該沉沒的沉沒了，可是不比較過去也難顯出現在的進步；了解過去更可知道將來的寶貴。所以在這個報告的原文中也曾提到過去時代的產鋼量、生產棉紗等等的數目。

代表中六十以外直到九十多歲的老人不算太少，像我還只是五十多歲的人漫談過去未免不稱。但從幼小時候的聞見和讀書閱報的零碎知識上，也多少明白一些從清末維新運動以來關於工業設置的略情。我在這篇短文中只就記憶所及聊作漫談。

自從舊日中國的閉關主義被那時的所謂「列強」的資本勢力和新式的武裝侵入以後，在清末以前的官僚地主階級中的某些舊知識分子，對世界大勢略有所知，已經感到暮氣沉沉和專制淫威的舊中國是沒法對付所謂「列強」的侵略了。他們起初只是在「堅甲利兵」的看法上繞圈子，以為

外國人有快槍火炮、輪船、炮艇，中國也有了便可抵擋，便可保持他們心目中的「天朝」威望，同時，他們的封建勢力的統治便可長久維持下去。所以，當時的設機器局，派遣學海軍的學生，翻譯一些「聲光化電」的「西書」也起興了一陣子，可是由於滿清王朝政治上的腐朽，由於官僚地主階級自身的衰弱矛盾，由於所謂「列強」加勁地對中國作殖民地式的侵掠壓迫，那一點點「堅甲利兵」式的薄弱工業哪能會持久下去，哪能會有什麼多大的成就。

及至清末的維新運動起來，改良派的資產階級的「維新之士」，他們知道再走以前唯武器論的機械製造是行不通的了，他們想要從政治運動下手，想先在政治上得到一番更改，然後再來實行學習日本那時的富國強兵的一套辦法。這自然比官僚地主們的眼光前進一些，但在保持滿清皇統的情形下，希望維新運動成功，結果終於失敗。

辛亥革命後孫中山先生對於發展中國工業是有他的主張的。由於種種原因，資產階級的革命沒有成功，中山先生的交通計畫隨之落空。辛亥前後也有些官僚地主階級的所謂較開明的「紳士」維新派的分子，在國內籌辦各項實業。但資力小，人力也差，他們只能從小型的輕工業著手，如棉織、火柴、造紙，如其他日用的輕便工業品等，固然這也或多或少給所謂「國貨」開放了一些引銷道路，在技術上也逐漸對輕工業的某些部分有所傳布，可是各個帝國主義者挾其外交上、軍事上的絕對優勢，用他們大力量的經濟侵略對那時中國的一點點輕工業的初步發展加以壓迫，奪取甚至分化收買。他們用種種對待殖民地的經驗、方法，來扼殺那樣基礎薄弱的中國輕工業，相形之下勢逼力絀，自然難於抵抗。

到大革命時代後，一時有些民族工業資本家，想以獨立或聯合經營的輕工業的廠子與帝國主義者的產品競爭一下，一方既有提倡國貨的名氣，

一方也想可以多榨取利潤。一時幾個大城市，尤其是靠近海口的城市，驟呈一片新的輕工業發展的景象。可是等於無源之水，無根之木，任管如何經營，進展總歸是流不通暢，長不繁茂。國民黨反動派又只圖擴大他們的勢力。掠奪人民的財產，與帝國主義者密切勾結，出賣國家的經濟利益。就在這種情勢下，那些自信還是為民族爭取經濟利益，而同時抱有藉此大大擴充資本雄心的輕工業資本家，不管他們怎樣用盡心機，想同帝國主義者與官僚資本作競爭，其結果非被分化即被收買或則受帝國主義經濟力支配下的買辦階層的控制。正如《子夜》這個長篇所敘寫、表現的一樣。能夠在層層苦鬥中勉強維持下來的是少數，或是帝國主義者不大注意經營的某些輕工產品的廠子。

沒有領導，沒有組織，尤其是沒有工人階級的主導力量，沒有政治上的根本改革，想平空來一套工業救國或實業救國，只憑少數的比較可以算得資產階級中的資本家，就能振興工業，與各個帝國主義者多年來在中國無孔不入的經濟勢力抗衡，（不要說打倒了）還不是一場夢想，一陣子的鏡花水月！

不錯，幾十年來在輕工業範圍內如紡織、製藥、食品、家庭日用品等等也有了各種產品，尤其是在幾個人口集中，規模較大的城市，這類消費品的私營輕工業不是沒有一點基礎，也給國家挽回了一部分的「利權」。可是我們的重工業在哪裡？我們國營的重工業性質的廠子何在？不須多說，立國於現代的世界，如無重工業的穩固基礎，那無論輕工業怎樣發展，農產品怎樣豐富，不僅是在現代化的國防上沒有辦法，沒有保衛和平的穩定力量，就是在機器製造業方面也得樣樣倚靠他國。像我國的國土這麼遼闊，人口這麼眾多，如果我們自己不早日爭取工業化，突來的危險便無保障，人民的文化生活與物質生活也永難提高，更不必說達到社會主義社會了。

談到重工業，在全國解放前，除卻清末所留和後來的官僚地主與軍閥們辦的一些零星小廠之外，實在沒有什麼，而尤其缺乏的是機器製造的工廠。只有煤、鐵業稍值一提，卻也可憐得很。李富春同志的報告中指明：「……至於重工業的基礎則更加薄弱，雖然也有某些重工業，大多只是帝國主義國家在中國的機械修理廠，或者只是為帝國主義國家提供原料和半成品的礦山和工廠。……直到抗日戰爭爆發以前全國除東北外每年只生產鋼四萬噸左右，而且都是滿清末年和北洋軍閥統治時代所建立的鋼鐵廠的產品。」沒有工業尤其是沒有大工業的發展哪能會建立起社會主義社會的物質基礎。新版的《政治經濟學》中曾說：「社會主義只有在大機器生產的基礎上才能建成。只有大機器生產才能既在城市也在鄉村保證新社會制度勝利所必需的勞動生產率的迅速增長。列寧寫道：『社會主義唯一的物質基礎就是同時也能改造農業的大機器工業。』」

所以我們要走向社會主義社會必須先發展重工業的堅絕不移的道理，從李富春同志的報告與以上所引《政治經濟學》中言簡意賅的幾句話都可明了不須多贅。

社會主義的經濟任務的解決，如果不先獲得政治上的統治地位是不可能達到，其實是也不可能解決的。滿清末年及辛亥以後的某些人想在帝國主義與封建主義雙層壓榨的空隙中多少建立一點點工業的基礎，姑無論他們是為了私人利潤，鞏固其本階級的統治力量，發展財富，或是為了抵抗各個帝國主義國家對中國的經濟侵略與民族自尊心，愛國的表現等等，但由於事實所在，那樣半殖民地半封建的腐朽專制和軍閥爭權的社會，工人階級還不能領導人民大眾，所以，他們不管從任何意圖作出發點想要建立起工業的薄弱基礎，那是十分困難且無多大效果的，更不必講到規模宏大，設備繁多，須有巨大資金的重工業了。

由於中國革命第一階段的基本結束，為符合國家在過渡時期的總任務而制定發展經濟的第一個五年計畫，是中國革命第二階段的任務，他就是我們要建設成社會主義社會。

如果不是有中國共產黨多少年來的領導和堅強奮鬥，怎會推翻根植已久的帝國主義、封建主義和官僚資本主義在中國的統治，那時人民大眾終日謀生無計，死、餓、困窮，掙扎於水深火熱之中，連中國革命第一個階段也難達到，又怎會有第二階段的開始的現在！

六年以來一切蓬蓬勃勃的進步，一切增加生產的表現，一切新人新事物的不斷發現，在國際地位上的空前提高，這都由於全體人民一致擁護和遵從黨的領導，且具有共同的意願—— 也就是以樂觀精神與堅定的信心，企望走入社會主義社會。

像我這等年紀或比我更大的代表們，這次參加大會仔細聽過並討論過這個具有重大意義的發展國民經濟的第一個五年計畫的報告，我想準會在珍重現在，欣望未來的十分興奮的心情下，不免回憶過去，作一番時代變化的對比吧？我對於工業可謂完全外行，但因為熱心研討這個五年計畫，卻使我發生了以前很少有的對於工業的興趣。至少從辛亥革命那時起吧，我以那時十幾歲的少年心懷，對於如何能使我們這個歷受外侮內亂的古國，一變而為現代化規模的國家，如何能夠發展工業以機器增加生產，強固國防……這一些都是少年時期的熱望。雖然那時沒有政治上的明確認識，更不明了中國社會的發展次序，只有這樣直感的希望，不知怎樣才能早日實現。

這個希望，這個我在少年時期籠統的希望，現在是扎了深根，有了沃土，並且生長出來，不但枝枝葉葉都是茂密青蔥，而且開花、結果都可在工作中計日而待。

拉雜敘論寫到這裡，用幾句詩結束我這篇感想文字，也可說是總括了我對於這個五年計畫中要先發展重工業的寄望。

　　社會主義的花朵快要開放，

　　它有精鋼的根幹，各種有色金屬的光芒；

　　電汽、水力的轉運機器加速的生長，

　　它到處伸揚著巨大堅強的枝葉，

　　枝枝葉葉都飽含著人類的寶貴滋養之蔭蔽著肥沃土壤。

　　奇麗、燦爛的鐵花有巨大的新生力量！把以前的柔枝、殘朵比示得黯淡無光。

　　這象徵著，也實現著新中國的空前建設的形象，

　　—— 還實現著為什麼要有這樣建設的理想。是有計畫的年年豐長，在社會主義的花朵上顯示出空前的美好，強壯。

拿起筆來投入農業合作化高潮

　　毛主席《關於農業合作化問題》的報告和中國共產黨七屆六中全會（擴大）通過的《關於農業合作化問題的決議》公布以來，已經引起了全國人民的高度注意和十分鼓舞的熱情。這些具有偉大歷史意義的文獻，都說明了在我國廣大農村中，聲勢浩大的農業合作化的高潮就要到來了！這是一個具有世界意義的歷史事件，也是我國五億農村人口在工人階級領導下的社會主義革命。在這樣一個劃時代的現實面前，我以為，現實本身不僅為我們文藝工作者提供了豐富的創作題材，而且就我們文藝工作者自身來說，以自己創造性的勞動來表現這一歷史性的革命變化，也是「責無旁貸」和「當務之急」的事情。

　　不可否認，這幾年來，我們山東的文藝創作在黨與毛主席的文藝為工農兵服務的方針指導下，在廣大專業和業餘的文藝工作者的積極努力下，已經出現了一些描寫農村生活的優秀作品，這些作品都在不同的角度上反映了農村中新舊思想的鬥爭，以及在這個鬥爭中新的道德品質的成長。所有這一些，都是值得高興的現象。但是儘管如此，我們依舊應該看到，我們反映農村生活的創作，和反映其他方面的創作一樣，是遠遠地不能滿足現實生活的要求的，我們還落在現實的後面。這在當前廣大農村正處在社會主義改造的高潮、群眾的物質和文化生活起著巨大轉變的今天，就尤其感到不能相適應了。

　　當然，我之所以這樣說，絕不是去強迫和約制大家都要來寫農村，而就不要去寫別的了。不是的，絕不是這樣。我們每一位從事文學藝術工作的同志，都應該有他自己的選擇題材的自由，同時農業合作化也絕不是我們文藝創作上唯一的主題；就我們國家的整個建設來說，各個方面也都在

不斷地湧現著社會主義的新人，這一些同樣是值得我們去描寫和歌頌的。但是我們也絕不能想像，一個把終身獻給人民的文藝事業的人，能夠對當前農村中正在轟轟烈烈開展起來的社會主義的群眾運動採取漠不關心和無動於衷的態度。就拿我們山東的情況來說吧，這兩年來農業生產合作社的發展頗為迅速，尤其是今年八月下旬全省傳達了毛主席「關於農業合作化問題」的報告以後，僅一個多月的時間，合作社已由九萬處發展到了十八萬處，入社農戶已由總農戶的百分之十八發展到百分之五十二。廣大農民的這種高漲的社會主義熱情，難道對我們不是一個巨大的鼓舞嗎？難道說這一切還不值得我們去以自己的筆來描寫嗎？

所以我們每一個從事文學藝術工作的同志，不管他是寫詩的也好，寫小說的也好，作畫的也好，搞音樂的也好，專業的也好，業餘的也好……都應該迅速地行動起來，投身於這個運動的浪潮中去，並在實際的鬥爭當中，以我們的文藝武器來把這個時代的光輝面貌生動地描寫出來，從而教育和鼓舞廣大人民向著社會主義的康莊大道奮勇邁進。

同志們，大力地創作吧，這是時代對我們每一個文藝工作者的要求，同時也是我們每個從事文藝工作的人不可推諉的責任。

清除反動淫穢荒誕的圖書在當前思想戰線上的意義

　　本省處理反動的、淫穢的、荒誕的書刊圖畫的工作，在省人民委員會的領導下，已經開始進行。其準備工作、宣傳工作以及查禁和收換的手續、方法等，都有詳細具體的計畫，在這裡我不擬多談，我只就這一工作在當前思想戰線上的意義，和本省的文藝工作者、文化界、出版部門以及租書鋪攤人員談談我的看法。

　　書刊圖畫是人民的精神食糧，幾乎可說是每個人都離不開的必需的營養品，不管是大本、小冊，巨幅、小畫，凡是傳播知識，交流感情，給予認識，用文字或色彩、線條構成的書刊圖畫，無不對人的思想、觀念發生種種作用。書刊圖畫是宣傳品，且是最有力量的宣傳品；它們不只是向懂得文字的人或成年人直接宣傳，而且也一樣向不認字的、年幼的讀者、觀者進行宣傳。尤其是青年和少年，因最喜歡也最能夠接受新的事物，所以也最容易受感染。因此，我們在書刊圖畫的編輯發行工作中，不能不十分慎重，有所選擇。

　　幾年來，我省的書刊圖畫出版工作，在黨與政府的領導下，在宣傳社會主義思想，教育與組織廣大人民群眾參加各項生產建設事業方面，起了一定的作用。但是，我們不能忽視目前在社會上還有舊時代遺留下來的各種反動的、淫穢的、荒誕的書刊圖畫在毒害著人民，特別是嚴重地影響著青、少年的身心健康。也許有人認為：圖書租賃業戶，多半是小規模的經營，有的則在街頭巷尾設攤租閱，看來好像不會起多大的壞作用。但是事實不然。事實是在這些租賃業戶中，有不少的出租反動的、淫穢的、荒誕的圖書，而且有很多青年、少年、兒童以及識字不多的婦女，都是租閱這類圖書的主顧，他們從這裡受到嚴重的思想毒害。為了使我們的社會主

建設能夠順利地進行，為了使青年、少年以及兒童在思想上和身體上得到正常的發展，必須清除反動的、淫穢的、荒誕的書刊圖畫。

清除反動、淫穢、荒誕的書刊圖畫和改造圖書租賃業是一個艱苦的、細緻的工作，必須堅決地有計畫地有步驟地進行。為了作好這些工作，各級文化行政部門，應該在當地政府的領導下，廣泛地進行社會宣傳，並召集租書鋪攤人員進行教育，說明出租反動、淫穢、荒誕圖書的害處和流通正當有益讀物的好處，講明查禁、收換和允許租售的圖書的界限，在啟發租書鋪攤人員思想自覺的基礎上，爭取大多數租書鋪攤人員主動地幫助政府處理有毒害的圖書。

各地分散的租書鋪攤人員，也應該認識到：國務院公布的關於處理反動的、淫穢的、荒誕的書刊圖畫的指示，對書刊租賃業來說是及時的、適當的。雖然幾年來，我省有部分租書的鋪攤已經自動地或在政府的幫助下，逐漸更換新書、新畫，把舊存有害的書刊銷毀、掉換，可是也還有些人認識不清，繼續將那些有毒素的書刊圖畫出租，使廣大群眾，尤其是青年、少年以及兒童們受到不良的影響。因此，租書鋪攤人員應該提高認識，大力協助政府按照審查規則，自動地把應該掉換的書刊圖畫通通掉換。這樣，新內容的書刊逐漸增多，讀者的人數也會日益增長，這對營業來說，只有好處，絕無不利。

文化藝術部門和出版部門的同志，應該十分重視這一工作。目前則應開展廣泛的宣傳工作，使廣大人民群眾了解清除反動、淫穢、荒誕圖書的道理。在進行這一工作的同時，我們還必須大力發展群眾性的文化事業。我們希望分散在各地的、各種工作崗位上的、職業的或是從事業餘創作的人們，能夠大量地創作為青年、少年以及兒童們所喜愛的通俗讀物。正是因為要取締那些有害的、傳播毒素的書刊圖畫，就應該使廣大的讀者，尤

其是青年、少年、兒童們能夠獲得新的富有健康營養的有益讀物。這幾年來，新的通俗讀物和兒童愛讀愛看的書籍、連環畫，固然發行了不少，但是按照讀者的要求來說，仍然相差很多。其中原因之一，是因為創作這方面書刊圖畫的人太少。有的人把為青少年以及兒童們從事寫作的任務看得高不可及，或認為自己向來未寫、未畫過這類圖書，便「裹足不前」，這是不對的。其實只要熟悉廣大勞動群眾的一般生活，了解青少年以及兒童的志趣和希望，根據他們的要求去創作，縱然不敢說寫、畫出來的作品十分完美，可是在逐漸練習之後，就一定會創作出些有益的作品。在這個問題上，不能輕率從事，也不必過於畏難。我相信：只要我們真正重視這一工作，並努力從事創作實踐，我們就一定能夠逐漸地滿足人民群眾，尤其是廣大青少年以及兒童們日益增長的對於文化的要求。

新年獻語

　　今天是一九五六年的元旦 —— 我們的偉大的第一個五年計畫進入第四年度的頭一天，是全國人民共同歡度的節日！

　　我應以樂觀勇往的心情表白出我們是怎樣迅速而有成績的在進行社會主義建設和社會主義改造中的一切發展，更應該怎樣以自己的筆揮發出對於歡迎新時代來臨的熱情，描寫出在工礦區，在合作化高潮的農村，在城市的各種建設和對私營工商業大力改造中的種種變化。

　　我毫無理由說到個人的身體，更不應值此佳節說到病況，但為了誠懇地把自己的感想表達出來，便不能不牽連及此，我只好先向讀者道歉！

　　我現時雖還強自支撐著每到冬季便重犯舊病的身子，坐在和暖房間的窗前，可是我的心卻像飛往康藏高原新修成的寬廣大道上，飛往西北經過幾年來建設一新的地帶……更急切地像飛到那一望無邊的北大荒墾區，那些機器轟隆、煙囪林立的鋼鐵城市。由於合作化的高潮到來，「聲勢浩蕩，波瀾壯闊」，在廣大農村中洶湧高漲，到處簇擁起潮流的浪頭把舊日的那些「凹陷」填平，掩蓋。所以，近來我的心更不由自主地懸懸於那些剷平了地界、加強了冬忙、提出了新增產規劃的合作社的鄉村中。可是「身欲奮飛病在床！」我真不願這樣想，更不應寫下這句舊詩給讀者以病態的想像。事實所在，我在病的纏累之下，雖還堅持著多少在工作上為同志們分一點忙，若想立即下鄉或往更遠的一些地方去深入生活，去了解、體會這新的社會主義革命的浪潮在鄉村中的「波動」，卻為病所限，「力不從心！」因此，兩個多月來我的精神上平添了更大的紛擾，自己時常用拳頭捶著書案，望著晴日的冬空，痛恨「病魔」的牽掣，使我無法隨時行

動。不必說怎樣進行寫作，就連這又一次空前的農村合作化運動的情況也不能趁早親眼詳看，提高認識，這是多大的憾事！

當然，這種憾恨，對我說來，不是從近兩個多月才有了的。我雖在前三年的初夏到山東兩個縣裡辦的較好的農業生產合作社去過若干天，藉此學習了一些東西，認識了一些不同類型的農民，也從此引起了我對合作社的重視以及初步了解合作社在改進舊日的小農經濟上是有怎樣巨大的作用。以後，總想能夠一年一度到鄉村中去，可以繼續知道農民的合作力量的進展和他們的生產積極性，可是直到現在竟沒實現這份願望。主要原因是三年來我的身體不行，病情較重，就連日常的部門工作、社會活動有時也不能完全盡力。請教醫生，住醫院，平生最不願意的麻煩，頗感苦悶的生活，為病所迫，也只好忍受下去。啊，這些話我不應該絮絮多說，但我竟因此失去了繼續深入農村生活的良機，也沒有什麼創作對我們的偉大時代作為貢獻（固然，不能斷言就是再去農村一定會有什麼創作），這使我每一想起不只是深感慚愧，而一股抑壓不住的急悶情緒湧上心頭，以至執筆吁嘆，鬱悶不堪！

平生自信對於能實現人民的生活幸福的一切並不是不想追求和缺乏熱情的；自信是願以文學的寫作給社會盡上一份向前進的推動力量的；自信對有益於人民、有利於祖國、有助於和平、有力量、方法以提高群眾物質生活和文化生活的新人新事物的感受還不至太慢，認識上也還不至怎麼模糊。再則，不怕嗤笑，自信創作的「泉源」到現在也還沒有完全枯竭，只要在新生活中多加鍛鍊，在工農群眾中我能有時機得到更多體會、了解和改造自己，當不至「茫然四顧」，無從下筆。這樣的鍛鍊，這樣的時機隨時都可實現，都不是有何困難，辦不到，而耽誤了良時，更沒有什麼新的創作，這只有自己負責，絕不應向「客觀條件」上推諉。我，幾年來並不是忘了創作，更不是不願動筆，可是竟然無所表現，除了應該切責自己，

還有什麼可說！

　　六年來，在中國共產黨和毛主席的領導下，國家的聲望地位大大提高，人民的生活空前改善……一切一切都在飛快的進步中。從前的荒山野嶺現被電力照耀，鐵路貫通；從前的氾濫河水現已安穩順流，兩岸的土地變為沃壤；如工業、如農業的種種發展「一日千里」；如知識分子的改造、進步和新知識分子的成長……不必一一列舉。以中國這麼廣大的土地，這麼眾多的人口，又是在若干年的半殖民地半封建的壓迫、剝削之下，才六年竟然變到現在 ——「有目共睹」的令人歡欣鼓舞的現在！說什麼我們不應該不積極地、不「興高采烈」地多多以文藝的形式來表現、烘托、刻劃出這個偉大時代的面貌和它的「心靈」？說什麼我們提不起勁，沉得住氣、在一旁「袖手」而不感到「技癢」？

　　在這裡提到「技癢」，我並不是單從「技術」上來說，借用這個舊詞彙可是含有新的意義。由於時代的啟發，由於希望的增高，由於向前看、向前走的勁頭扎實、堅強，由於無論怎樣須在社會主義的土壤中撒下一粒種子，加上一滴潤水，我們弄過創作的，還來得及創作的應分遏止不住這份由衷的熱情和這份我也得「加油幹」的自動的意願。這就是我所謂「技癢」二字的新解。至於剛從事創作的青年們自然更有同感。

　　「各盡所能！」我們不能打井、鑽礦，不能使船、開車，不能比有技術的工人，也不會耕種、灌溉 —— 農民的活計，可是以學習得到的正確觀點和立場為基礎，借筆墨化成的形象來表現這個時代的豐富生活和有代表意義的人與事物……我們自應盡己「所能」。固然這個「能」字不好誇說：「能」到什麼程度？「能」的可以怎樣令讀者感受？其中自有許多不同，可是不拘怎麼說，我們總要努力以赴，「所能」的程度似不必「斤斤計較」罷？

　　我雖然還在病中，還是俯在案頭強寫「空話」，但我卻誠願向讀者和關心創作的同志們表白。我，但使身體較好，腦力還能運用，就是來不及即時下鄉，也想在今春暖時到農村去住個時期，並且想在今年試寫一部與新農村生活有關的「作品」。這近乎有點「誇口」，我則但願能夠有這份「誇口」的實現，至於好壞那是另一問題。

　　再則，假使體力實不容許我到鄉間去過一個時期的生活，我也要在今年中試寫一部其他主題的長篇，什麼內容暫不多談。

　　一九五六年的元旦午後，我草成這篇短文，稍舒精神上的沉悶，並借這一短文向從事創作的同志們敬致祝賀！願大家不拘一格地從新年起多多寫作，使我們的文藝界更加繁榮，對社會主義社會更加有力的推進！我雖自慚，但也是「算數」的一個。

努力發展我省的戲曲工作

標誌著山東戲曲工作進一步發展的山東省第二屆戲曲觀摩演出大會開幕了。

兩年來，我省的廣大戲曲工作者，在「百花齊放，推陳出新」的正確方針指導下，取到了一定的成績。許多古老的劇種得到扶持；若干豐富多采的劇目已被發掘和整理出來，演員們的表演藝術也在不斷地提高，特別在培養青年演員方面，成績更為顯著，在我們的戲曲舞臺上，湧現出大批的新生力量，呈現一片蓬蓬勃勃的新氣象。

我省已發現有二十五個劇種。這是蘊藏著優美的民間歌舞和以表演的形象化來表達人民愛憎的文化「寶庫」。其中有歷史久遠、包羅萬象的古老劇；也有新崛起的，年輕活潑的新劇。它們代代相傳，保存了幾百個優秀的傳統劇目，具有強烈的人民性和現實主義精神；塑造了若干活生生的典型形象，在群眾當中留下了深刻的印象。幾年來，我們雖然也曾整理出一批優秀的傳統劇目，不過應該看作這僅僅是整理工作的開端。我們還要精細大力地發現，細緻縝密地挖掘，要學習浙江省昆蘇劇團整理《十五貫》的成功經驗，把民族戲曲遺產中的精華部分，完全無遺地發掘出來並繼承下來。

同時，在繼承戲曲遺產的基礎上，要大力地創作現代劇。運用民族戲曲形式，來反映今天突飛猛進、日新月異的新社會的面貌，表現出社會主義建設戰線上的新人新事，創造出活生生的典型人物。在這次會演中，表現現代生活的新劇，在數量上遠遠地超過了上屆會演，這是戲曲創作空前豐收的好現象，應該發揚鼓勵。不過，創作現代劇，不要脫離戲曲的傳統

基礎，要努力刻苦地學習古典戲劇的現實主義表現方法，以便創造出具有高度思想性與藝術性相結合的優秀作品。

由於表演現代生活，不能搬用舊的表演程序，因此演員們就要努力體驗人民群眾的生活，與群眾的思想情感打成一片，只有這樣，才能深受感染，和群眾苦樂相關，而在演出上才不至於有「架空」、「揣摩」與呆板的形式主義的表現。並要靈活地運用傳統的現實主義表演方法，來表現新的人物，創造新的載歌載舞、十分真切動人的場面。

表演藝術，音樂改革，舞臺美術方面，都應該各展所長，相應發展，任何戲曲與音樂的關係都十分密切。我們並不反對吸收其他劇種的精華，以充實自己的不足，但是應該在原有的基礎上來吸收，更要注意到劇種的藝術特徵和獨特的風格，堅決反對生吞活剝和脫離傳統基礎的強行搬湊。但是，我們仍是大力提倡大膽創造，積極改革的。

透過會演，應該更深入地了解各地劇團的演出、學習和生活情況，以便進一步提高和改善演員們的生活水平。

老藝人是戲曲遺產的保存者，我們應當尊重他們，虛心地向他們學習。幾年來，老藝人們辛勤刻苦地把若干年來精心積累的寶貴經驗，傳授給第二代，培養出不少的青年演員。而青年演員們，在苦學苦練、努力學習方面，也取得了相當的成績。為了戲曲事業的發展，我們應當提倡尊師愛徒，互相幫助，培植的力量更為充足，使戲曲的花朵開的更加豐美。

爐邊瑣談

不一定專談「文」，也不一定專談「藝術」，可是無論談古、說今總與文藝有關。我在嚴重的支氣管炎的冬病中，偶有所感，寫下幾百字或幾千字。算不得像樣的文章，只是在不能出門的養病期間聊抒所感罷了。

一九五六年十二月三日

一、從《十五貫》的兩個官員談起

朱氏在清初寫了《雙熊記》的傳奇，後有幾齣被選入《綴白裘》。從前也只是零出在崑曲舞臺上表演，向少全劇演出的。本來，兩個案件太複雜，也太巧合，尤其是前一案殊不近理，還有宣傳迷信的關係。即在舊時代也覺得演出無味。浙江省的「昆蘇劇團」精心結構地把這個舊劇本重新改編，去了前一案，而將後一案的主要情節、經過，在三小時內一氣演完。雖然把唱詞改變了一些，曲調也換了一些，然對於這個戲的精華卻能予以發揚。自從在北京演出後，名聞全國，京劇及許多地方劇種也在上演此劇。大家盡知，不須多說。

我這裡只說劇中主角況鍾與次一點的角色、他的上司周忱。我以前真記不得他們兩位在明代是確有其人的，雖然曾約略地看過《明史》，可是那末多的「列傳」，不是很特殊的人物怎能都記下來。因在濟南看過「昆蘇劇團」夏間到此上演後，彷彿記起明代有周忱其人，亦未查書。以偶然的機會，過了一個多月，讀別的書，知道明朝宣德時曾以「郡守」多不稱職，經薦舉，特賜「敕書」派遣況鍾等九人出任九府知府……這是個小發現，我想從《明史》中看看況鍾的「官聲」。秋間有暇，果然找到了他的「列傳」。文太長不能全錄，節抄如下：

況鍾字伯律，靖安人。初以吏事尚書呂震，奇其才，薦授儀制司主事，遷郎中。宣德五年，帝以郡守多不稱職，會蘇州等九府缺，皆雄劇地，命部院舉其屬之廉能者補之。鍾用尚書蹇義、胡濙等薦擢知蘇州，賜敕以遣之。

蘇州賦役繁重，豪猾舞文為奸利，最號難治。鍾乘傳至府。初視事，群吏環立請判牒，鍾佯不省，左右顧問，唯吏所欲行止，吏大喜，謂太守闇易欺。越三日，召詰之曰：「前某事宜行若止我，某事宜止若強我行。若輩舞文久，罪當死！」立捶殺數人，盡斥屬僚之貪虐庸懦者，一府大震，皆奉法。鍾乃蠲煩苛，立條教，事不便民者立上書言之。

……又言近奉詔募人佃官田民荒田，官田準民田起科，無人種者除賦額。崑山諸縣民以死徙從軍除籍者凡三萬三千四百餘戶，所遺官田二千九百八十餘頃，應減稅十四萬九千餘石。其他官田沒海者賦額猶存，宜皆如詔書從事。臣所領七縣秋糧二百七十七萬九千石有奇，其中民糧止十五萬三千餘石，而官糧乃至二百六十二萬五千餘石，有畝徵至三石者，輕重不均如此。洪永間今出馬役於北方諸驛，前後四百餘匹，期三歲遣還。今已三十餘歲矣，馬死則補，未有休時。工部徵三梭闊布八百匹，浙江十一府至百匹，而蘇州乃至七百。乞敕所司處置。帝悉報許。

當是時屢詔減蘇松重賦，鍾與巡撫周忱悉心計畫，奏免七十餘萬石。凡忱所行善政，鍾皆協力成之。所積濟農倉粟歲數十萬石，賑荒之外以代民間雜辦及逋租。

……興利除害不遺餘力，鋤豪強，植良善，民奉之若神。先是中使織造採辦及購花木禽鳥者踵至，郡佐以下動遭笞縛，而衛所將卒、凌虐小民。鍾在斂跡不敢肆。雖上官及他省吏過其地者，咸心憚之！

……正統六年秋滿當遷，郡民二萬餘人走訴巡按御史張文昌，乞再任。詔進正三品俸，仍視府事。明年十二月卒於官，吏民聚哭為立祠，鍾剛正廉潔，孜孜愛民，前後守蘇者莫能及。……

按明宣德共九年，況鍾是從宣德五年奉了敕書往蘇州做「特命」知府，到正統六年，恰及十年。又被當地人民留下，只是加了品級，然又過了一個整年，死於任上。前後十年的知府，在蘇州是做了一些封建時代關懷民間疾苦的事，不然，不會應遷去時，有兩萬多地方人到巡撫御史那裡去挽留繼任的。

　　《明史》在他的傳裡，注重在清理財賦、減輕蘇州糧賦重壓這一方面，因為這是當時蘇州地方的一大問題。因此，關於況鍾在蘇州知府任上其他設施就沒有什麼敘述了。至於平反冤獄等事根本未提，也許寫他的略傳的認為這不是他的重要表現吧。

　　在幾百年後讀《雙熊記》，看《十五貫》的演出，況鍾是位剛正廉明、見義勇為且富有才能的好官，這是肯定無疑的了。我想朱氏既以況鍾、周忱兩位官職頗高的明代官吏作傳奇中的腳色，那末《十五貫》這一案大約也是有些事實，絕非純憑空想而來。前一案有點空想，似乎只是作者圖劇情的繁雜、熱鬧，故爾這麼寫成。其實在戲曲的結構上，在人物的集中上，反而不調和，不適宜，不如單一案件為佳。《十五貫》的偶爾巧合，在事實上非不可能，要在況鍾在監斬時識破案情，對於過於執的不加調查、分析，主觀主義的臆斷，幾乎使一對活生生男女青年作了刀下冤鬼，他動了疑念，遂毫不遲疑地去見周忱，要求延期處斬囚犯，從新調查案件。劇作者為了增加戲劇效果，為了突出況鍾夜半後求見「都堂」的熱誠，所以在「見都」一出中有意地使周忱擺擺排場，其實作者對周忱並沒以反面人物或齷齪官僚相看，聰明的觀眾自然容易了解。

　　周忱在江蘇任職比起況鍾在蘇州任上的年歲還多，他辦的事情更大，年紀也似乎大一些。

下面，再簡抄周忱的略傳，以資參考。按周忱傳，他是永樂二年進士，選庶吉士。

「浮沈郎署二十年，人無知者，獨夏原吉奇之。」「五年九月，帝以天下財賦多不理，而江南為甚，蘇州一郡積逋至八百萬石。思得才力重臣往厘之，乃用大學士楊榮薦，遷忱工部右侍郎，巡撫江南諸府，總督稅糧。」

他在江南巡撫任上「以九載秩滿遷左侍郎。六年命兼理湖州嘉興二府稅糧」。「歷宣德、正統二十年間，朝廷委任益專；兩遭親喪皆起復視事。忱於此益發舒，見利害必言，言無不聽」再以九載滿進戶部尚書，尋以江西人不得官戶部，乃改工部仍巡撫。他是直到明景帝時，因言官劾其妄費，「景帝素知忱賢，大臣亦多保持之，但令致仕」。「景太四年十月卒，諡文襄」（按明代洪武二十六年，朱元璋令浙江、江西、蘇松人毋得任戶部）。

他與況鍾不同，他是少年科甲中的得意者，不是以學吏出身。除卻在京城郎署中二十年外，他的官任、政績完全在江蘇巡撫任上。前後兩個九年，距其卒年不久才致仕而去。即從永樂二年算起，到景太四年共五十年，那麼，周忱的年齡至少也在七十多歲與八十歲之間。他在江蘇巡撫任上，年歲這麼久，主要是清理財賦，做出了一些增加國庫收入減輕民間負擔的成績。這裡不去一一敘列。他的本傳中也提到與況鍾的合作說：「既久任江南，與吏民相習，若家人父子。每行村落，屏去騶從，與農夫餉婦相對，從容問所疾苦，為之商略處置。其馭下也，雖卑官冗吏悉開心訪納。遇長吏有能如況鍾及松江知府趙豫，……則推心與咨畫，務盡其長，故事無不舉。」

由於周忱的官位高，職權大，後又受命兼理湖州、嘉興二府稅糧，所以他那二十多年以巡撫江南的資格，對於收漕米、貯倉、起運；對於「蘇

賦比他府獨重」的官民田租，與況鍾「曲算累月」每月減少了七十二萬餘石；對於「濟農倉」的設立；對於監課的持平辦法漢；對於松江上流的開濬；對於吳淞江畔「沙塗柴場」的開墾；對於「無錫官田賦白米太重，請改徵租米的施行等等，都是他的政績的卓卓之點，也是在那個時代還能盡力辦到的事。關於這些不想多及。然合觀兩傳況鍾與周忱並無什麼隔閡，雖有上司屬官的分別，但他們卻很能合作，還是為江蘇辦了一些在封建時代的「好事」。

如能找到明代的蘇州府志，對於況鍾或另有詳細的記載。

總之，談戲曲中的人物不是作歷史考證，就是當日作者筆下的人物完全出自虛構，一樣是可成為優秀作品的。不過朱氏既以況、周真人寫人傳奇，不論熊氏兄弟兩案有否，總是作者對況鍾的讚美。也因此他另外虛構了一個十足的官僚主義者「過於執」，作為反面人物的陪襯，使此劇愈越生色。至於兩個巧合案件，我重說一句，《十五貫》一案在當時或者有點根據，至於前一案就太不可靠了。

這篇短文不是討論劇情，也非研究劇中的腳色，只是從書本上把況鍾、周忱兩人的歷史、官聲約略寫出，以供「昆蘇劇團」與研究此劇者的參考而已。

▶ 二、京劇《打嚴嵩》的本事由來

中國戲曲善於以極少數的演員集中精煉地表現一個動人的故事，能深入人心，使觀眾屢觀不厭。這如不具有編劇的經驗與對人情的深切了解，具有豐富的舞臺演出經驗，且對腳色與事實應怎樣配合表現，才能在觀眾中發生效果，那是編不出來也表演不好的。三句不離本行，這種劇本即不是老藝人的自編自演，至少編者也是常常在櫃檯、後臺或和老藝人有深切交往的。如非這樣，縱然滿肚皮書本子，滿口的詞藻，滿懷想編成「富有

教訓意義的戲劇」概念，其結果不過是一番好意的「概念化」而已，觀眾卻不容易接受，也不會對這種無「烹煉」的戲有所興感。

戲曲中這樣優秀的遺產不勝舉數，流行普遍的京劇的劇本如《群英會》、《烏龍院》、《打漁殺家》等等，而《打嚴嵩》也是這一類型中的一出。

這麼適當地投合觀眾真正愛憎所在的劇目，它並不以唱腔擅長，完全在說白與做派上下工夫，快慢、高低、前後、鬆緊，火候差一點便顯不出劇情的緊湊，也表達不出腳色的心理與行動的變化。所以，表演起來並不容易。周信芳先生演這個戲，我記得總看過四五回了，可是每看一回總是全神貫注地看到底，如讀好詩，如觀名畫，不是一覽之後便引不起再讀、重觀的意興的。

這裡不談戲曲的藝術問題，僅略談本事，以待研證。

嚴嵩的巴結皇帝，招權納賄，又有他的作惡多端的兒子嚴世蕃「助紂為虐」，在明朝萬曆二十多年中，把朝政弄得一團糟，收得財賄無數。所以，為這個奸臣父子說的書，唱的戲，使他成為一個典型化的人物。《打嚴嵩》這個劇目無疑是出自明末人的手筆，不管是完全由老藝人自編或是文人與老藝人合作，它的主題明確，情節曲折而不紛繁，深入人心，也使觀眾大快人心！

使嚴嵩被打於王府，和被鄒應龍教唆裝扮挨打，這當然是虛構的事。即使是一個不知歷史的觀眾也不會相信以那麼奸詐的「當朝宰相」，竟會被一個初入宦途不久的鄒應龍任意耍笑得這般狼狽。但雖然明知事不必有，可是在人情上卻盼望他有這番遭遇。在還沒被撤職為民之前，居然被一個新官調笑得像個木偶，要他怎樣，他便怎樣。觀眾在微笑中看下去，覺得稱了心願，合乎人情，於是戲劇的效果收到，演員的表演也就有了成績。

人物是真的，劇情是虛構的。可是劇中形容鄒應龍的聰明，隨機應

變，也並非絕無根據。嚴嵩在明朝萬曆年間獨握朝權達二十年之久（從嘉靖二十一年八月拜武英殿大學士，入值文淵閣起，至嘉靖四十年五月被鄒參後勒令致仕止），以「青詞」阿諛巴結那個想做神仙的皇帝，所有同列參政的不是被他陷害、去職，便是陪列，聊充員數。至於賣官納賄，陷害中外官員，又有他的兒子、家人交助搜刮，富傾全國，不須盡說。前後參劾他父子的，如謝瑜、葉經、趙錦、王宗茂、沈煉、徐學詩、楊繼盛、吳時來、董傳策諸人，不但不能動他分毫，反被他們父子用種種手段，明陷暗害，有的則置之死地。為什麼鄒應龍以一個新進的微官居然一參就准，那個昏憒的皇帝又何以這樣便會「覺於一旦」？其實還是鄒應龍「善觀風色」── 看透了時機。他更明白當時的史部尚書徐階 ── 嚴氏父子的對頭，已漸獲得朱厚熜（嘉靖本名）的親信，對久已專權的嚴嵩有些煩厭。大約鄒應龍也是個頗為活動的官僚，他與某些宦官們熟識，因為避雨到某「內侍」家，知道了因扶乩得到朱厚熜寵幸的方士藍道行曾借乩語，攻擊嚴氏，朱厚熜便有意去嵩的事。他把其中關係看得透澈，於是上疏主參嚴世蕃，附帶嚴嵩，一擊便中。我想他與徐階的排嚴是具有聯合作用的。這裡不專論歷史，便不多敘。總之，在這個劇目中，作者把鄒應龍形容得那麼會軟會硬；機智、靈活，這與他的為人很相稱合，並非完全出於臆造。

鄒應龍雖是參倒了嚴氏父子，如沒有徐階後來的策劃，則究竟「鹿死誰手」，可也難講。到底朱厚熜對於這位八十老翁的「青詞大學士」還是有不忍之心。《明史》鄒應龍傳中說：

……然帝雖罷嵩，念其贊修元功，意忽忽不樂！手札諭階：嵩已退，其子已伏辜，敢再言者，當並應龍斬之。應龍深自危，不敢履任，賴階調護始視事。御史張檟巡監河東，不知帝旨。上疏言陛下已顯擢應龍，而王宗茂、趙錦輩首發大奸未召，是曲突者不賞也。帝大怒，立逮至，杖六十，斥為民。久之，世蕃誅，應龍乃自安。

以朱厚熜那種性格的皇帝，對於嚴氏父子的老關係，如果嚴世蕃不死，難保對這一大案後來沒有反覆，嚴世蕃被劾，罪戍雷州，他雖然沒到戍所，就返回鈐山「益大治園亭。其監工奴見袁州推官郭諫臣，不為起」。可見他父子的餘威猶在，一般官員不敢得罪他們。那時有個御史林潤曾劾過嚴黨鄢懋卿，怕報復，便聯合諫臣「謀發其罪，且及冤殺楊繼盛、沈煉狀」。這個讞詞沒等奏聞，先給徐階看了，到底是個手段老辣的人物，徐階說：「夫楊、沈之獄，嵩皆巧取上旨，今顯及之，是彰上過也。必如是，諸君且不測，嚴公子騎款段出都門矣！」他改了原詞，敘嚴世蕃「以南昌倉地有王氣，取以治第，制擬王者。又結宗人典楧陰伺非常，多聚亡命」世蕃的客人羅龍文「又招直（指汪直）餘黨五百餘人，謀為世蕃外投日本」。這幾項危及到帝位的利害的控告，比起那一般諫官只知翻舊案的迥然不相同。法司黃光昇等把這個新讞詞奏上去，世蕃才被斬，家產籍沒。（劇本中說常寶童窩藏丘、馬二匠人，一般觀眾往往不明白為了何事。）按劇情說是「嚴嵩正在私宅裡鳩營密室，陰謀篡位。鄒等將為嚴嵩私造密室的官丘、馬二人誘入開山王府軟禁，作為揭發罪狀的重要人證。」——見周信芳演出劇本選集中此劇的前記——其實這與徐階改後所告已被參倒的嚴世蕃在南昌「取以治第，私擬王者」的罪狀多少有點關合。

這一段雖與《打嚴嵩》一劇無關，可是順便敘出來，足見只靠鄒應龍這一本參奏，還是不能把「冰山」完全打倒的。

至於劇中添上鄒應龍慫恿嚴嵩到常寶童王府去，自己卻先去與常寶童定計，以耍無賴的手段辱打嚴嵩，更是無中生有的一段。京劇中往往以某某賢王作某個「忠良」的保護人，與當時的（劇中的）權奸相抗。如《楊家將》中之「八賢王」即其一例，而《提寇》（地方戲中亦有此劇目）也

是這樣。《打嚴嵩》正是用的同一手法,其實明代的異姓王哪會有這麼大的權威。而且常遇春雖在死後封為開平王,可是到他的兩個兒子身上,已經是一個被「安置」且死於龍州,一個則究是死於因抗燕兵還是被朱元璋所殺,史無明文。以後並無襲爵位的,只是嘉靖十年才復封常元振為懷遠侯。劇本中強拉上的這個常寶童是否影射著常元振,自難斷定。總之,這是劇作者應用「八賢王」的辦法,使嚴嵩即被辱打,又受鄒氏調教,被打毀面,裝傷抗奏,使觀眾為之大快罷了。自然,如沒有常寶童這場戲,鄒應龍也沒處巧施「機關」,使這出喜劇得以完成。

引證太多近乎談史,聊止於此。但劇作者單挑出鄒應龍這個人物來與權奸對比,還有對他有表揚與佩服的意義的。

致克家

克家：

《詩刊》編輯部和您來信都囑我寫稿，無詩，談詩的文章也可以吧。我對於詩，年紀愈大愈感到下筆不易。自然，接觸各方面的生活少是重要原因，可是自己拿不出什麼方式來表達心中的詩感也不無關係。讀詩的年歲愈久，讀中外名詩人的佳作愈多（比較的說），愈恨自己不能構篇造句，把對人生、對社會，對時代，甚至對一切事物的真情用各種詩的表現方法吐露出來！這還不是有無「詩感」的問題。

既然沒有新作，不必更為申訴，除了自責外，豈能諉過於客觀的什麼原因。

對加意樂讀新詩上，我還不是懶人，就見到的報刊上的詩作，一般的說不大放過。就這幾年來的情形看，並非故為誇大，我也覺得，成績是基本的。尤其是自從文藝界提倡「百花齊放」，打破種種的清規戒律以來，這兩年已把詩歌的園地擴大，詩歌的體制放寬，不拘一格，不爭一式，更不是每一篇詩裡必有政治標語和生產報告的句子。作者多了，新老詩人振奮努力。從「作協」領導下的《詩刊》創刊以來，更顯得詩壇上有一片青春光華，水流花放的氣象。

關於這些不必多說。

成績有，詩作亦多，無論對於正在開闢的邊疆、少數民族生活的地帶，交通繁盛的大城市，耕牧發達的新農村，詩人們都有敘寫，有描繪，總言之，不缺少情感洋溢對新社會熱愛和對祖國尊護的詩聲。一個新詩讀者在詩壇上能夠看到這麼廣闊的天地，多樣的生活，種種可愛的人物，風景，他哪能不讚嘆，吟詠，甚至手舞足蹈起來。

要說有些讚嘆……之後有所要求的話，從我的更高的希望說吧，我以為我們的詩壇的成就不能單憑數量而論（任何時代也是如此），其所以能夠引起讀者讚嘆……的，是我們從新詩的字裡行間還可以及早的，較為清晰的，也是欣喜的看到了偉大時代的步伐和種種新鮮生動的人民活動的影子，正是「可以興，可以嘆」。但感到不足的卻是詩的本身似乎還沒有達到「真體內充」使人更為滿足的境界。請諒及！我這裡絕不是指的哪些詩人和哪些首詩，我是指的全國解放後幾年來對新詩壇上的總印感。同時也應聲明並非認為已發表的詩少真實感，缺乏真實生活氣息，絕不是，但按「積健為雄」的意義上說，大致看去，詩的「內充」似乎還差的不少。從辛亥革命起，甚至更晚些，從大革命時起，我國人民在十分苦難中，在有領導，有組織下進行過種種對反動勢力的鬥爭，那些年中又有多少重大、悲壯、熱烈、激動人心的事件和英勇、堅定的人物。以至經過全國抗日，爭取解放，九年來國家的偉大建設，社會的基本改造，人民的生活增高，一草一木也都欣欣向榮。……過去和現在的大事當然毋用我來歷數，可是我們的詩壇在歌頌，描繪，敘述和表達那些重大的社會變動與群眾的情感奮發，如泉流，如火燃，使歷史為之煥發新光，使世界人士「拭目以觀」的事件、人物的篇章在哪裡呢？不是沒有，如晴空中的幾點晨星，如叢綠上的幾簇紅蕊，太少了，太薄弱了。比之這些年來我們所經過的劇烈震動的時代，相差太多！

　　為什麼我們不能完全做到「真體內充」？為什麼數十年的新詩壇到現在還不敢自稱是「積健為雄」？

　　自己以前也寫過一些非詩的「自歌」，說到這裡，先應自愧！

　　至於用什麼形式作詩的表達，我向少堅持。像那樣嚴密的舊詩律中卻有李、杜、白、韓、歐、蘇、范、陸（唐代以前與宋以後的不說了）的傑作，在各種利用民歌體，西洋的自由詩詩體上，也產生了一些新的使人興

感的作品。所以用什麼形式可隨每位詩人的習慣，熟練或愛好，似可不須提示必得如此，不可如彼的議論（自然，您好哪種體，您不好哪種體，盡有您的自由）。

只是寫詩卻不能不顧到音樂的效果，簡單的說，詩至少還得有點音節吧？否則與純散文何異？更何能收到吟、誦的成效？誰也不能說我們的新詩是只給人看不要什麼吟誦的。既然要吟，要誦，這裡面便得考究用字，造句的音樂性，否則輕重無別，開合無準，令人聽起來不易「聲人心通」，雖有豐富的內容，從詩的意義上說總是欠缺。如果念都不易念出，或十分彆扭地念出來，一大串一連貫的幾十個字的長句，念了前頭失掉後頭的連絡，讀到下行忘了上行的敘寫，這怎麼好？豈不只是備看的詩非吟、誦的詩了。

自來的詩無不有韻，有節奏，只要對文詞了解，念起來都可「琅琅」上口。《詩經》、《離騷》等等，以後的中國詩何莫不然，西洋詩的自由詩體是後來才有的，其他對於韻律也無不考究的。我們的新詩即不必呆板的用韻腳，在可能範圍內能做到審音的高下、輕重，用詞的雙聲、疊韻，（並不限於文言）既可使詩的情緒借聲音而多變化，吟誦起來更能合乎口吻，順乎聽覺，在敘述、刻劃中把詩感打入人心。節奏既有，即無形式上的韻，而吟、誦起來，自有韻的作用。關於這一點，我們似應注意及之，否則詩與散文其別何在？難道就在排列長短上顯示不同？

不必牽引多少過去的詩歌理論，也不須引用多少佳作名篇，以上所談的一點淺薄卻應注意的道理，就作為對《詩刊》的「卑之無甚高論」的一份貢獻吧。

久病後又值初夏陰寒，俯案寫十分鐘的字便須休息。這封草函雖是數次寫成，思簡文弱，自感不滿。聊供參閱，不羅嗦了。

人格的啟示：

王統照經典社評集，喚醒沉睡的民族意識

作　　者：王統照

發 行 人：黃振庭

出 版 者：崧燁文化事業有限公司

發 行 者：崧燁文化事業有限公司

E-mail：sonbookservice@gmail.com

粉 絲 頁：https://www.facebook.com/
　　　　　sonbookss/

網　　址：https://sonbook.net/

地　　址：台北市中正區重慶南路一段六十一號八
　　　　　樓 815 室

Rm. 815, 8F., No.61, Sec. 1, Chongqing S. Rd.,
Zhongzheng Dist., Taipei City 100, Taiwan

電　　話：(02)2370-3310

傳　　真：(02)2388-1990

印　　刷：京峯數位服務有限公司

律師顧問：廣華律師事務所 張珮琦律師

定　　價：350 元

發行日期：2023 年 09 月第一版

◎本書以 POD 印製

國家圖書館出版品預行編目資料

人格的啟示：王統照經典社評集，
喚醒沉睡的民族意識 / 王統照 著 .
-- 第一版 . -- 臺北市：崧燁文化事
業有限公司 , 2023.09
　　面；　公分
POD 版
ISBN 978-626-357-589-9(平裝)
1.CST: 言論集
078　　　112013126

電子書購買

臉書